PRAWDZIWA PERUWIAŃSKA ODYSEJA ULICZNEGO JEDZENIA

Odkrywanie autentycznych smaków peruwiańskiego jedzenia ulicznego

BARTEK SZYMAŃSKI

Materiał praw autorskich ©2023

Wszelkie prawa zastrzeżone

Żadna część tej książki nie może być wykorzystywana ani rozpowszechniana w jakiejkolwiek formie i w jakikolwiek sposób bez odpowiedniej pisemnej zgody wydawcy i właściciela praw autorskich, z wyjątkiem krótkich cytatów użytych w recenzji. Niniejsza książka nie powinna być traktowana jako substytut porady lekarskiej, prawnej lub innej porady zawodowej.

SPIS TREŚCI

SPIS TREŚCI 3
WSTĘP 6
ŚNIADANIE 7
   1. Picarones/peruwiańskie pączki 8
   2. Tacu Tacu / Naleśnik z puree z fasoli i ryżu 11
   3. Peruwiańska Owsianka Quinoa / Quinua Atamalada 14
   4. Tortilla de Espinaca / Omlet Szpinakowy 16
   5. Champorado / Czekoladowa Owsianka Ryżowa 18
   6. Sangrecita 20
   7. Peruwiańskie potrójne kanapki 22
   8. Czerwone Chilaquiles z jajkami sadzonymi 24
   9. Śniadanie z pomidorami i jajkiem sadzonym na grzance 27
PRZYSTAWKI I PRZEKĄSKI 29
   10. Pan con Chicharrón / Kanapka Wieprzowa 30
   11. Tamales Peruanos /peruwiańskie tamales 32
   12. Patacones/Smażone Plantany 34
   13. Ceviche z białej ryby 36
   14. Tiradito / pikantne marynowane ceviche 38
   15. Ceviche de Conchas Negras/Ceviche z czarnych małży 40
   16. Papa Rellena/Nadziewane Ziemniaki 42
   17. Tequeños/paluszki serowe z sosem maczanym 45
   18. Frytki Yuca 47
   19. Peruwiańskie Ceviche 49
   20. Ziemniaki w stylu Papa a la Huancaína/Huancayo 51
   21. Palta Rellena / Nadziewane Awokado 53
MAKARON 55
   22. Carapulcra z Sopa Seca 56
   23. Sałatka Tofu Lomo Saltado 58
   24. Zielone Spaghetti 60
   25. Zielony Sos Z Linguine 62
   26. Tallarines Rojos (sos z czerwonego makaronu) 64
   27. Tallarines Verdes con Pollo (Zielony Makaron Z Kurczakiem) 66
DANIA DANIA WARZYWNE I SAŁATKI 68
   28. Zapiekanka ziemniaczana w stylu Causa Limeña/Lima 69
   29. Rocoto Relleno/Nadziewane Papryczki Rocoto 72
   30. Carapulcra/gulasz z suszonych ziemniaków 75
   31. Sałatka Solterito/Peruwiańska 77
   32. Pikantna Terrina Ziemniaczana (Causa Rellena) 79

33. Ensalada de Pallares (peruwiańska sałatka z fasoli lima) 81
34. Sałatka Aji de Gallina 83
35. Ensalada de Quinua (sałatka z komosy ryżowej) 85
36. Fasola Lima w sosie kolendrowym 87
37. Solterito de Quinua (sałatka z Quinoa Solterito) 89

Wołowina, jagnięcina i wieprzowina **91**
38. Pachamanca / Andyjskie Mięso i Warzywa 92
39. Wołowina Carne a la Tacneña/Tacna 95
40. Seco de Cordero/gulasz jagnięcy 98
41. Lomo Saltado / Smażona Wołowina 101
42. Tacacho con Cecina/Smażony Banan i Suszone Mięso 103
43. Adobo/marynowany gulasz wieprzowy 105
44. Causa de Pollo (peruwiańska zapiekanka z kurczakiem i ziemniakami) .. 107
45. Cordero a la Nortena (jagnięcina w stylu północnym) 109
46. Anticuchos / Grillowane Serce Wołowe Szaszłyki 111

DRÓB **113**
47. Estofado de Pollo/gulasz z kurczaka 114
48. Arroz con Pato/Ryż z Kaczki 117
49. Pollo a la Brasa/kurczak z rożna 120
50. Aji de Gallina /Kurczak w Sosie Pieprzowym Aji 122
51. Causa de Pollo/Chicken Causa 125
52. Arroz Chaufa/peruwiański smażony ryż 128
53. Arroz con Pollo (peruwiański kurczak i ryż) 131
54. Papa a la Huancaína con Pollo 133
55. Aguadito de Pollo (peruwiańska zupa z kurczakiem i ryżem) 135
56. Kurczak i Ziemniaki Pachamanka 137
57. Aji de Pollo (kurczak w pikantnym sosie Aji) 139
58. Quinotto con Pollo (risotto z kurczakiem i komosą ryżową) 141

ŚWINKA MORSKA **143**
59. Picante de Cuy/gulasz ze świnki morskiej 144
60. Cuy Chactado (smażona świnka morska) 147
61. Pachamanca de Cuy (świnka morska pieczona w podziemnym piekarniku) 149
62. Cuy al Horno (pieczona świnka morska) 151
63. Cuy con Papa a la Huancaina 153
64. Cuy Saltado (smażona świnka morska) 155
65. Cuy en Salsa de Mani (świnka morska w sosie orzechowym) 157

RYBY I OWOCE MORZA **159**
66. Trucha a la Plancha/Grillowany Pstrąg 160
67. Zupa Parihuela/Owoce Morza 162
68. Surowa ryba marynowana w limonce (Cebiche) 165

69. Causa Rellena de Atún (Causa Nadziewany Tuńczykiem) 167
70. Chupe de Camarones/zupa z krewetek 169
71. Chupe de Pescado/zupa rybna 172
72. Arroz con Mariscos/ryż z owocami morza 175
73. Escabeche de Pescado/marynowana ryba 178

ZOWDERY 181
74. Chupe de Ollucos/Olluco Zupa Ziemniaczana 182
75. Chupe de Camote/Zupa ze słodkich ziemniaków 184
76. Zupa Z Kurczakiem I Kolendrą (Aguadito de Pollo) 186
77. Chupe de Lentejas/Zupa z soczewicy 188
78. Chupe de Quinua/Quinoa Chowder 191
79. Chupe de Pallares Verdes/Zupa z zielonej fasoli 193
80. Chupe de Papa / Zupa Ziemniaczana 196

DESER 199
81. Humitas/ciastka kukurydziane na parze 200
82. Arroz con Leche/pudding ryżowy 203
83. Mazamorra Morada/fioletowy budyń kukurydziany 205
84. Mazamorra de Quinua/pudding z komosy ryżowej 208
85. Pudding Frejol Colado/Fasolowy 210
86. Kanapki z Ciasteczkami Karmelowymi (Alfajores) 212
87. Ciasto Tres Leches (Pastel de Tres Leches) 214
88. Suspiro a la Limeña (peruwiański deser z karmelem i bezą) 216
89. Mazamorra Morada / Fioletowy budyń kukurydziany 218
90. Picarones (peruwiańskie pączki dyniowe z syropem) 220
91. Alfajores de Maicena (Alfajores z peruwiańskiej skrobi kukurydzianej) . 222
92. Helado de Lucuma (lody Lucuma) 224

NAPOJE 226
93. Chicha de Jora/fermentowane piwo kukurydziane 227
94. Chicha Morada/fioletowy napój kukurydziany 230
95. Inca Kola (peruwiańska żółta woda sodowa) 232
96. Maracuyá Sour (kwaśna marakuja) 234
97. Herbata Coca (Mate de Coca) 236
98. Jugos Naturales (soki ze świeżych owoców) 238
99. Poncz Pisco 240
100. Coctel de Camu Camu (koktajl owocowy Camu Camu) 242

WNIOSEK 244

WSTĘP

Witamy w „Prawdziwa peruwiańska odyseja ulicznego jedzenia" – ekscytującej kulinarnej podróży, która przeniesie Twoje kubki smakowe na tętniące życiem ulice Peru. W tej przygodzie zagłębimy się w serce tętniącej życiem kultury jedzenia ulicznego w Peru, gdzie aromat skwierczących szaszłyków i rozmowy entuzjastycznych sprzedawców tworzą atmosferę jak żadna inna.

Uliczne jedzenie Peru to mozaika smaków, odzwierciedlenie jego bogatej historii i różnorodnych wpływów. Wyruszając w tę odyseję, będziesz miał okazję poznać autentyczne smaki i tradycje, które definiują peruwiańską kuchnię uliczną. Od słynnych na całym świecie anticuchos po mniej znane perełki – odkryjemy sekrety tych wyśmienitych dań, które podbiły serca i podniebienia mieszkańców i podróżników.

Przygotuj się na inspirację, ponieważ dzielimy się historiami sprzedawców, składników i technik, dzięki którym peruwiańskie jedzenie uliczne jest naprawdę niezapomnianym przeżyciem. Niezależnie od tego, czy jesteś wytrawnym miłośnikiem jedzenia, czy nowicjuszem w świecie peruwiańskich smaków, ta książka zaprasza Cię do delektowania się esencją Peru, jeden kęs na raz. Wyruszmy więc w tę pikantną odyseję i wspólnie odkryjemy autentyczne smaki peruwiańskiego jedzenia ulicznego.

ŚNIADANIE

1. Picarones/peruwiańskie pączki

SKŁADNIKI:
- 2 szklanki puree z dyni
- 2 szklanki puree ze słodkich ziemniaków
- 1 Mąkę o wszechstronnym przeznaczeniu
- 1/4 szklanki skrobi kukurydzianej
- 1 łyżeczka. aktywne suche drożdże
- 1 łyżeczka. cukier
- 1/2 łyżeczki mielony cynamon
- 1/4 łyżeczki mielone goździki
- 1/4 łyżeczki mielony anyż
- 1/2 łyżeczki sól
- Olej roślinny, do smażenia
- 1 szklanka melasy lub syropu chancaca do podania
- 1/2 szklanki prażonych nasion sezamu do dekoracji

INSTRUKCJE:

a) W dużej misce wymieszaj puree z dyni i puree ze słodkich ziemniaków.

b) Dobrze wymieszaj, aby połączyć.

c) W osobnej małej misce rozpuść aktywne suche drożdże i cukier w 1/4 szklanki ciepłej wody. Pozostaw na 5 minut lub do momentu, aż zacznie się pienić.

d) Dodaj mieszaninę drożdży do puree z dyni i słodkich ziemniaków. Mieszaj, aż dobrze się połączy.

e) W drugiej misce przesiej mąkę uniwersalną, skrobię kukurydzianą, mielony cynamon, mielone goździki, mielony anyż i sól.

f) Stopniowo dodawaj suche składniki do mieszanki dyni i słodkich ziemniaków, ciągle mieszając, aż uzyskasz gładkie i lepkie ciasto. Ciasto odstawiamy na 30 minut, żeby smaki się przegryzły.

g) Na dużej głębokiej patelni lub w holenderskim piekarniku rozgrzej olej roślinny na średnim ogniu do około 175°C (350°F).

h) Za pomocą łyżki lub rękawa cukierniczego z szeroką końcówką ostrożnie wrzucaj porcję ciasta na gorący olej, formując z nich małe krążki lub krążki. Smażyć Picarones/peruwiańskie pączki partiami, uważając, aby nie przepełnić patelni.

i) Smaż Picarones/Peruvian Donuts przez około 3-4 minuty z każdej strony lub do momentu, aż staną się złotobrązowe i chrupiące. Za pomocą łyżki cedzakowej przenieś je na talerz wyłożony ręcznikiem papierowym, aby odsączyć nadmiar oleju.

j) Podawaj Picarones/Peruvian Donuts na ciepło, skropione melasą lub syropem chancaca i posypane prażonymi ziarnami sezamu.

2.Tacu Tacu / Naleśnik z puree z fasoli i ryżu

SKŁADNIKI:
- 2 szklanki ugotowanego białego ryżu
- 1 szklanka ugotowanej i sezonowanej fasoli kanaryjskiej lub czarnej fasoli
- 1/2 szklanki drobno pokrojonego gotowanego boczku lub pancetty
- 1/2 szklanki drobno pokrojonych w kostkę ugotowanych resztek mięsa (takich jak wołowina, kurczak lub wieprzowina)
- 1/4 szklanki drobno posiekanej cebuli
- 2 ząbki czosnku, posiekane
- 1 łyżeczka. kminek
- Sól dla smaku
- Świeżo zmielony czarny pieprz do smaku
- Olej roślinny, do smażenia
- Jajka sadzone, do podania (opcjonalnie)
- Salsa criolla (peruwiańska salsa cebulowo-pomidorowa) do podania (opcjonalnie)

INSTRUKCJE:

a) W dużej misce połącz ugotowany biały ryż i ugotowaną fasolę kanaryjską lub czarną fasolę.
b) Rozgnieć je widelcem lub tłuczkiem do ziemniaków, aż dobrze się połączą. Mieszanka powinna się trzymać.
c) Na patelni rozgrzej niewielką ilość oleju roślinnego na średnim ogniu.
d) Dodaj pokrojony w kostkę boczek lub pancettę i smaż, aż będą chrupiące. Zdejmij boczek z patelni i odłóż go na bok, pozostawiając wytopiony tłuszcz na patelni.
e) Na tej samej patelni z wytopionym tłuszczem dodaj drobno posiekaną cebulę i posiekany czosnek. Smażyć, aż cebula stanie się przezroczysta i pachnąca.
f) Na patelnię wrzucamy pokrojone w drobną kostkę ugotowane mięso i smażymy kilka minut, aż się zarumieni.
g) Dodaj mieszankę ryżu i fasoli na patelnię wraz z ugotowanym boczkiem.
h) Wszystko dobrze wymieszaj, równomiernie łącząc składniki.
i) Doprawiamy kminkiem, solą i czarnym pieprzem do smaku.
j) Gotuj jeszcze kilka minut, żeby smaki się połączyły.
k) Zdejmij mieszaninę z patelni i pozwól jej lekko ostygnąć.
l) Podziel mieszaninę na porcje i uformuj z nich okrągłe lub owalne kotleciki o grubości około 1/2 do 3/4 cala.
m) Na czystej patelni rozgrzej na średnim ogniu wystarczającą ilość oleju roślinnego, aby przykrył dno patelni.
n) Dodaj uformowane placki Tacu Tacu/tłuczonej fasoli i naleśników ryżowych i smaż, aż uzyskają złoty kolor i chrupkość po obu stronach, około 3-4 minuty z każdej strony.
o) Zdejmij placki Tacu Tacu/Mashed Bean i Rice Pancake z patelni i odsącz je na talerzu wyłożonym ręcznikiem papierowym, aby usunąć nadmiar oleju.
p) Podawaj na gorąco Tacu Tacu / puree z fasoli i ryżu z opcjonalnymi jajkami sadzonymi na wierzchu i dodatkiem salsy criolla dla dodania smaku i świeżości.

3. Peruwiańska Owsianka Quinoa / Quinua Atamalada

SKŁADNIKI:
- 1 szklanka komosy ryżowej
- 3 szklanki wody
- 1 szklanka mleka
- 1/2 szklanki cukru (dostosuj do smaku)
- 1 laska cynamonu
- 1 łyżeczka ekstraktu waniliowego
- Rodzynki i posiekane orzechy do dekoracji

INSTRUKCJE:
a) Komosę ryżową dokładnie opłucz pod zimną wodą.
b) W rondlu wymieszaj komosę ryżową, wodę i laskę cynamonu. Doprowadzić do wrzenia, następnie zmniejszyć ogień i gotować na wolnym ogniu przez około 15-20 minut lub do momentu, aż quinoa się ugotuje, a mieszanina zgęstnieje.
c) Dodać mleko, cukier i ekstrakt waniliowy. Mieszaj i kontynuuj gotowanie przez kolejne 10-15 minut.
d) Wyjmij laskę cynamonu.
e) Podawaj gorącą owsiankę quinoa, udekorowaną rodzynkami i posiekanymi orzechami.

4. Tortilla de Espinaca / Omlet Szpinakowy

SKŁADNIKI:
- 4 jajka
- 1 szklanka świeżego szpinaku, posiekanego
- 1/2 szklanki pokrojonej w kostkę papryki
- 1/2 szklanki pokrojonej w kostkę cebuli
- 1/2 szklanki startego sera
- Sól i pieprz do smaku
- Oliwa z oliwek do gotowania

INSTRUKCJE:
a) W misce roztrzep jajka, dodaj posiekany szpinak, pokrojoną w kostkę paprykę, pokrojoną w kostkę cebulę i starty ser. Doprawić solą i pieprzem.
b) Rozgrzej oliwę z oliwek na patelni z powłoką nieprzywierającą na średnim ogniu.
c) Wlać mieszaninę jajek na patelnię i smażyć, aż brzegi zaczną się wiązać.
d) Ostrożnie przewróć omlet na drugą stronę i smaż, aż będzie ugotowany, a ser się roztopi.
e) Podawać na gorąco.

5. Champorado / Czekoladowa Owsianka Ryżowa

SKŁADNIKI:
- 1 szklanka kleistego ryżu
- 4 szklanki wody
- 1/2 szklanki kakao w proszku
- 1/2 szklanki cukru (dostosuj do smaku)
- 1/2 szklanki skondensowanego mleka
- Szczypta soli
- Do dekoracji wiórki kokosowe lub mleko skondensowane

INSTRUKCJE:
a) W garnku wymieszaj kleisty ryż z wodą. Doprowadzić do wrzenia i gotować na wolnym ogniu, aż ryż się ugotuje, a mieszanina zgęstnieje.
b) W osobnej misce wymieszaj kakao, cukier, mleko skondensowane i szczyptę soli, aby uzyskać sos czekoladowy.
c) Połączyć sos czekoladowy z ugotowanym ryżem i dobrze wymieszać.
d) Podawać na gorąco, posypane wiórkami kokosowymi lub skondensowanym mlekiem.

6.Sangrecita

SKŁADNIKI:
- 500 gramów krwi kurczaka
- 40 ml pełnotłustej, ciężkiej śmietanki
- 3 łyżki oliwy z oliwek lub sosu wołowego.
- 2 średnie posiekane cebule
- 1 główka posiekanego czosnku
- 1 mała ostra papryczka
- Oregano
- Posiekana mięta pieprzowa i kolendra
- Sól

INSTRUKCJE:
a) Włóż krew kurczaka do lodówki, aby ją schłodziła.
b) Na oliwie z oliwek smaż czosnek, cebulę i paprykę przez maksymalnie 10 minut.
c) Dodać posiekane zioła, sól.
d) Usuń krew, pokrój w drobną kostkę i dodaj do mieszanki.
e) Dobrze wymieszać.
f) Dodaj trochę więcej oleju i soli do smaku.

7. Peruwiańskie potrójne kanapki

SKŁADNIKI:
- 4 jajka
- ¼ szklanki majonezu
- 8 kromek białego chleba kanapkowego, bez skórki
- 1 duże dojrzałe awokado
- 1 dojrzały pomidor, pokrojony w plasterki
- Po ½ łyżeczki soli i pieprzu, podzielone

INSTRUKCJE:
a) Jajka ułożyć w rondlu w jednej warstwie. Przykryj zimną wodą na głębokość 2,5 cm.
b) Postaw patelnię na dużym ogniu i zagotuj wodę.
c) Umieść szczelnie przylegającą pokrywkę na patelni i zdejmij z ognia. Odstaw na 6 minut.
d) Odcedź wodę i umieść jajka pod zimną bieżącą wodą na 1 minutę lub do momentu, aż ostygną na tyle, że będzie można je unieść. Obierz i pokrój każde jajko.
e) Nałóż cienką warstwę majonezu na jedną stronę każdej kromki chleba.
f) Rozłóż awokado równomiernie na 2 kawałkach chleba; dopraw odrobiną soli i pieprzu. Na wierzch awokado połóż kawałek chleba majonezową stroną do góry.
g) Rozłóż pomidory równomiernie na 2 kawałkach chleba; dopraw odrobiną soli i pieprzu.
h) Na górze pomidor z trzecim kawałkiem chleba; majonez stroną do góry. Rozłóż pokrojone jajka równomiernie na 2 kawałkach chleba; dopraw pozostałą solą i pieprzem.
i) Przykryj ostatnim kawałkiem chleba; majonezem do dołu.
j) Każdą kanapkę przekrój na pół, aby otrzymać 4 porcje.

8.Czerwone Chilaquiles z jajkami sadzonymi

SKŁADNIKI:
NA SOS:
- Jedna 12-uncjowa puszka obranych pomidorów wraz z 1/2 szklanki towarzyszących soków
- 1 papryczka jalapeno z nasionami, grubo posiekana
- 1 mała biała cebula, pokrojona w kostkę
- 2 papryczki chipotle w sosie adobo
- 4 ząbki czosnku
- 1/4 szklanki grubo posiekanej świeżej kolendry
- 2 łyżki oleju roślinnego
- 1 łyżka nektaru z agawy
- Szczypta soli

DO MONTAŻU:
- Olej roślinny do smażenia
- Tortille kukurydziane, pokrojone lub porwane na trójkąty
- Sól i pieprz
- Rozdrobniony ser Monterey Jack
- Ser Cotija
- Jajka
- Świeża kolendra

INSTRUKCJE:

a) Zacznij od umieszczenia wszystkich składników sosu, z wyjątkiem oleju, agawy i soli, w blenderze i miksuj, aż uzyskasz gładką konsystencję. Rozgrzej olej roślinny w dużym rondlu na średnim ogniu, następnie dodaj zmiksowany sos i mieszaj, aż zgęstnieje.

b) Dodaj agawę i sól. Tutaj możesz spotkać się z początkowym wyzwaniem, jakim jest oparcie się pokusie zjedzenia całego sosu lub zjedzenia go bezpośrednio z rondla z torebką Tostito. Ćwicz powściągliwość. (Sos można przygotować wcześniej, schłodzić i przechowywać w lodówce maksymalnie jeden dzień.)

GROMADZIĆ SIĘ

c) Rozgrzej brojler i rozpocznij smażenie tortilli. Rozgrzej około 1/4 cala oleju w rondlu i partiami smaż trójkąty tortilli, przewracając je w połowie, aż staną się nieco chrupiące, choć nie całkowicie chrupiące.

d) Usmażone tortille odsączamy na papierowym ręczniku, lekko doprawiając solą. Oto Twoje kolejne wyzwanie: pokusa zjedzenia całego sosu za pomocą tych prawie chipsów. Jednak musisz się oprzeć.

e) W wybranym naczyniu (użyj naczynia żaroodpornego lub patelni żeliwnej w przypadku większej grupy lub patelni do ciasta lub talerza skwierczącego w przypadku mniejszej grupy) ułóż warstwę tortilli, nakładając je po drodze. Posmaruj je łyżką sosu do pożądanego poziomu pikantności (zazwyczaj im więcej, tym lepiej), a następnie obficie przykryj je obydwoma serami. Dopuszczalne jest, że wygląda to nieco pikantnie; właściwie powinno. Podgrzewaj mieszaninę, aż ser się roztopi. Na tym etapie nie próbuj używać widelca.

f) Na małej patelni lekko usmaż jajka, upewniając się, że żółtka pozostają surowe, bo wiesz, co się wydarzy.

g) Nałóż porcję pikantnej tortilli do osobnych misek, dodaj jedno lub dwa jajko, trochę świeżej kolendry i dopraw solą i pieprzem.

9.Śniadanie z pomidorami i jajkiem sadzonym na grzance

SKŁADNIKI:
- 4 grube kromki chleba wiejskiego
- Oliwa z oliwek
- 1 duży ząbek czosnku, obrany
- 1 duży dojrzały pomidor, przekrojony na pół
- 4 duże jajka
- Sól i pieprz

INSTRUKCJE:
a) Posmaruj obie strony grubych kromek chleba odrobiną oliwy z oliwek i opiekaj w piekarniku lub tosterze w temperaturze około 100°C, aż staną się złociste i chrupiące.
b) Gdy tosty będą już gotowe, wyjmij je z piekarnika i natrzyj obficie obranym ząbkiem czosnku, a następnie przekrojoną stroną pomidora.
c) Podczas pocierania pamiętaj o wyciśnięciu soczystych wnętrzności pomidorów na grzanki. Posyp tosty szczyptą soli i pieprzu.
d) Na dużą patelnię lub patelnię wlej cienką warstwę oliwy z oliwek i podgrzej ją na średnim ogniu.
e) Wbij jajka na patelnię, dopraw solą i pieprzem, następnie przykryj patelnię i smaż, aż białka się zetną, a żółtka pozostaną płynne. Na każdym tościu połóż jedno jajko sadzone i podawaj.
f) Ciesz się pysznym śniadaniem!

PRZYSTAWKI I PRZEKĄSKI

10. Pan con Chicharrón / Kanapka Wieprzowa

SKŁADNIKI:
- 4 małe bułki (takie jak ciabatta lub bułki francuskie)
- 1 funt łopatki wieprzowej, pokrojonej w cienkie plasterki
- 2 ząbki czosnku, posiekane
- 1 łyżeczka kminku
- 1/2 łyżeczki papryki
- Sól i pieprz do smaku
- Pokrojone słodkie ziemniaki
- Salsa criolla (cebula, sok z limonki i papryczka chili) do posypania

INSTRUKCJE:
a) W misce zamarynuj plastry wieprzowiny z czosnkiem, kminkiem, papryką, solą i pieprzem. Pozwól mu marynować przez co najmniej 30 minut.
b) Na patelni rozgrzej odrobinę oleju i smaż marynowaną wieprzowinę, aż będzie chrupiąca i ugotowana.
c) Bułki przekrój na pół i ułóż na nich ugotowaną wieprzowinę, pokrojone w plasterki słodkie ziemniaki i salsę criolla.
d) Zamknij bułki i podawaj na gorąco.

11. Tamales Peruanos / peruwiańskie tamales

SKŁADNIKI:
- 2 szklanki masa harina (mąka kukurydziana)
- 1/2 szklanki oleju roślinnego
- 1 szklanka bulionu z kurczaka lub wieprzowiny
- 1 łyżeczka pasty aji amarillo (peruwiańska żółta pasta chili)
- 1/2 szklanki ugotowanego i rozdrobnionego kurczaka lub wieprzowiny
- 2 jajka na twardo, pokrojone w plasterki
- Do nadzienia pokrojone oliwki i rodzynki
- Liście bananów lub łuski kukurydzy do zawijania

INSTRUKCJE:
a) W dużej misce wymieszaj masę harinę, olej roślinny, bulion z kurczaka lub wieprzowiny i pastę aji amarillo. Mieszaj, aż uzyskasz gładkie ciasto.
b) Weź liść bananowca lub łuskę kukurydzy, nałóż na niego łyżkę ciasta i rozprowadź.
c) Na środek ciasta dodaj kawałek jajka, trochę rozdrobnionego mięsa, oliwki i rodzynki.
d) Złóż liść bananowca lub łuskę kukurydzy, aby owinąć tamale, tworząc schludne opakowanie.
e) Gotuj tamales na parze przez około 45 minut do 1 godziny, aż będą ugotowane i twarde.
f) W razie potrzeby podawaj tamales z dodatkową salsą criolla lub sosem aji.

12. Patacones/Smażone Plantany

SKŁADNIKI:
- 2 zielone plantany
- Olej roślinny do smażenia
- Sól dla smaku

INSTRUKCJE:
a) Zacznij od obrania zielonych plantanów. W tym celu odetnij końcówki bananów i wykonaj wzdłużne nacięcie wzdłuż skóry. Usuń skórę, odciągając ją od babki.
b) Banany pokroić w grube plasterki o grubości około 2,5 cm.
c) Rozgrzej olej roślinny na głębokiej patelni lub patelni na średnim ogniu. Upewnij się, że jest wystarczająco dużo oleju, aby całkowicie zanurzyć plasterki babki lancetowatej.
d) Ostrożnie włóż plasterki babki lancetowatej na gorący olej i smaż je przez około 3-4 minuty z każdej strony lub do momentu, aż staną się złotobrązowe.
e) Wyjmij smażone plasterki babki lancetowatej z oleju i połóż je na talerzu wyłożonym ręcznikiem papierowym, aby odsączyć nadmiar oleju.
f) Weź każdy smażony kawałek babki lancetowatej i spłaszcz go za pomocą dna szklanki lub narzędzia kuchennego specjalnie zaprojektowanego do spłaszczania.
g) Włóż spłaszczone plasterki babki lancetowatej na gorący olej i smaż je przez dodatkowe 2-3 minuty z każdej strony, aż staną się chrupiące i złocistobrązowe.
h) Po usmażeniu do pożądanego poziomu chrupkości wyjmij patacones/smażone banany z oleju i połóż je na talerzu wyłożonym ręcznikiem papierowym, aby odsączyć nadmiar oleju.
i) Posyp patacones/smażone banany solą do smaku, gdy są jeszcze gorące.
j) Podawaj patacones/smażone banany jako dodatek lub jako bazę do dodatków lub nadzień, takich jak guacamole, salsa lub szatkowane mięso.

13. Ceviche z białej ryby

SKŁADNIKI:

- 1 funt świeżych filetów z białej ryby (takich jak flądra lub lucjan), pokrojonych na kawałki wielkości kęsa
- 1 szklanka świeżego soku z limonki
- 1 mała czerwona cebula, pokrojona w cienkie plasterki
- 1-2 świeże papryczki rocoto lub habanero, pozbawione nasion i drobno posiekane
- 1/2 szklanki posiekanej świeżej kolendry
- 1/4 szklanki posiekanych świeżych liści mięty
- 2 ząbki czosnku, posiekane
- Sól dla smaku
- Świeżo zmielony czarny pieprz do smaku
- 1 słodki ziemniak, ugotowany i pokrojony w plasterki
- 1 kłos kukurydzy, ugotowany i usunięty z ziaren
- Liście sałaty, do podania

INSTRUKCJE:

a) W niereaktywnej misce połącz kawałki ryby z sokiem z limonki, upewniając się, że ryba jest całkowicie przykryta.

b) Pozostawić do marynowania w lodówce na około 20-30 minut, aż ryba stanie się nieprzezroczysta.

c) Odcedź sok z limonki z ryby i wylej go.

d) W osobnej misce wymieszaj marynowaną rybę z czerwoną cebulą, papryczką rocoto lub habanero, kolendrą, miętą i czosnkiem. Delikatnie wymieszaj do połączenia.

e) Dopraw solą i świeżo zmielonym czarnym pieprzem do smaku. Dostosuj ilość papryczek rocoto lub habanero w zależności od pożądanego poziomu pikanterii.

f) Pozostaw ceviche w marynacie w lodówce na dodatkowe 10-15 minut, aby smaki się połączyły.

g) Podawaj schłodzone ceviche na liściach sałaty, udekorowane plasterkami gotowanych słodkich ziemniaków i ziarnami kukurydzy.

14. Tiradito / pikantne marynowane ceviche

SKŁADNIKI:
- 1 funt świeżych filetów rybnych (takich jak flądra, sola lub lucjan), pokrojonych w cienkie plasterki
- Sok z 3-4 limonek
- 2 łyżki. pasta ají amarillo
- 2 ząbki czosnku, posiekane
- 1 łyżka. sos sojowy
- 1 łyżka. Oliwa z oliwek
- 1 łyżeczka. cukier
- Sól dla smaku
- Pieprz do smaku
- Świeża kolendra, posiekana, do dekoracji
- Czerwona cebula, pokrojona w cienkie plasterki, do dekoracji
- Papryczka rocoto lub czerwona papryczka chili, pokrojona w cienkie plasterki, do dekoracji

INSTRUKCJE:
a) W płytkim naczyniu ułóż pokrojone w cienkie plasterki filety rybne.
b) W misce wymieszaj sok z limonki, pastę ají amarillo, mielony czosnek, sos sojowy, oliwę z oliwek, cukier, sól i pieprz. Mieszaj, aż dobrze się połączą.
c) Marynatą polej rybę tak, aby każdy plasterek był nią równomiernie pokryty.
d) Rybę należy marynować w lodówce przez około 10-15 minut. Kwasowość soku z limonki lekko „ugotuje" rybę.
e) Ułóż marynowane plastry ryby na półmisku.
f) Rybę polej odrobiną marynaty jako dressingiem.
g) Udekoruj Tiradito/peruwiańskie Ceviche posiekaną świeżą kolendrą, cienko pokrojoną czerwoną cebulą i pokrojoną w plasterki papryczką rocoto lub czerwoną papryczką chili.
h) Podawaj Tiradito/peruwiańskie Ceviche natychmiast jako przystawkę lub lekkie danie główne.

15. Ceviche de Conchas Negras/Ceviche z czarnych małży

SKŁADNIKI:

- 1 funt świeżych czarnych małży (conchas negras), oczyszczonych i pozbawionych łupin
- 1 czerwona cebula, pokrojona w cienkie plasterki
- 2-3 papryczki rokoto lub inne ostre papryczki chili, drobno posiekane
- 1 szklanka świeżo wyciśniętego soku z limonki
- 1/2 szklanki świeżo wyciśniętego soku z cytryny
- Sól dla smaku
- Świeże liście kolendry, posiekane
- Ziarna kukurydzy (opcjonalnie)
- Słodkie ziemniaki, ugotowane i pokrojone (opcjonalnie)
- Liście sałaty (opcjonalnie)

INSTRUKCJE:

a) Dokładnie opłucz czarne małże pod zimną wodą, aby usunąć piasek i piasek. Ostrożnie obierz małże, wyrzucając muszle i zachowując mięso. Mięso z małży pokroić na kawałki wielkości kęsa.

b) W niereaktywnej misce połącz posiekane czarne małże, plasterki czerwonej cebuli i papryczkę rocoto lub chili.

c) Wlać świeżo wyciśnięty sok z limonki i cytryny na mieszaninę małży, upewniając się, że wszystkie składniki są pokryte sokiem cytrusowym. Pomoże to „ugotować" małże.

d) Dopraw solą do smaku i delikatnie wszystko wymieszaj.

e) Przykryj miskę folią i wstaw do lodówki na około 30 minut do 1 godziny. W tym czasie kwas z soku cytrusowego będzie dalej marynował i „ugotował" małże.

f) Przed podaniem spróbuj ceviche i w razie potrzeby dopraw go.

g) Udekoruj świeżo posiekanymi liśćmi kolendry.

h) Opcjonalnie: Podawaj ceviche z gotowanymi ziarnami kukurydzy, pokrojonymi w plasterki słodkimi ziemniakami i liśćmi sałaty dla dodatkowej tekstury i dodatków.

i) Podawaj schłodzone Ceviche de Conchas Negras/Black Clam Ceviche jako przystawkę lub danie główne. Rozkoszuj się nim z prażonymi ziarnami kukurydzy (cancha) lub chrupiącymi tortillami kukurydzianymi.

j) Uwaga: ważne jest, aby do ceviche używać świeżych i wysokiej jakości czarnych małży. Upewnij się, że małże pochodzą od sprawdzonych dostawców owoców morza i zostały odpowiednio oczyszczone przed użyciem.

16.Papa Rellena/Nadziewane Ziemniaki

SKŁADNIKI:
- 4 duże ziemniaki, obrane i pokrojone na ćwiartki
- 1 łyżka. olej roślinny
- 1 mała cebula, drobno posiekana
- 2 ząbki czosnku, posiekane
- 1/2 funta mielonej wołowiny lub mielonego mięsa do wyboru
- 1 łyżeczka. mielony kminek
- 1/2 łyżeczki papryka
- Sól i pieprz do smaku
- 2 jajka na twardo, posiekane
- 12 oliwek, wypestkowanych i posiekanych
- Olej roślinny do smażenia

INSTRUKCJE:
a) Ziemniaki włóż do dużego garnka z osoloną wodą i zagotuj.
b) Gotuj ziemniaki, aż będą miękkie jak widelec, około 15-20 minut.
c) Odcedź ziemniaki i przełóż je do dużej miski.
d) Ziemniaki ugniatamy na gładką masę i odstawiamy.
e) Na patelni rozgrzej olej roślinny na średnim ogniu.
f) Dodaj posiekaną cebulę i posiekany czosnek i smaż, aż będą miękkie i przezroczyste.
g) Dodaj mieloną wołowinę na patelnię i smaż, aż będzie rumiana i całkowicie ugotowana. Duże kawałki mięsa rozdrobnij łyżką.
h) Mieszankę mięsną doprawiamy mielonym kminkiem, papryką, solą i pieprzem. Dobrze wymieszaj, aby przyprawy równomiernie się połączyły.
i) Zdejmij patelnię z ognia i dodaj posiekane jajka na twardo i oliwki.
j) Wszystko wymieszaj, aż dobrze się połączy.
k) Weź porcję puree ziemniaczanego (mniej więcej wielkości małej piłki tenisowej) i spłaszcz ją w dłoni. Na środek spłaszczonego ziemniaka nałóż łyżkę masy mięsnej i uformuj ciasto ziemniaczane wokół nadzienia, tworząc kulkę. Powtórz proces z pozostałymi puree ziemniaczanym i mieszanką mięsną.
l) Na dużej patelni lub we frytkownicy rozgrzej wystarczającą ilość oleju roślinnego do smażenia na średnim ogniu. Ostrożnie włóż kulki ziemniaczane do gorącego oleju i smaż je, aż będą złocistobrązowe i chrupiące ze wszystkich stron. Wyjmij Papa Rellena/Nadziewane Ziemniaki z oleju i odsącz je na talerzu wyłożonym ręcznikiem papierowym.
m) Podawaj gorące Papa Rellena/Faszerowane Ziemniaki jako przystawkę lub danie główne. Można je jeść samodzielnie lub z salsą criolla (tradycyjny peruwiański dodatek cebulowo-pomidorowy) lub sosem aji (pikantny sos peruwiański).
n) Ciesz się pysznymi smakami Papa Rellena/Nadziewanych Ziemniaków, gdy są jeszcze ciepłe i chrupiące.

17.Tequeños/paluszki serowe z sosem maczanym

SKŁADNIKI:

- 12 opakowań po bułkach jajecznych (lub opakowaniach wonton)
- 12 plasterków queso fresco (świeży biały ser)
- 1 roztrzepane jajko (do zaklejenia opakowania)
- olej do smażenia

Na sos do maczania:

- 2 łyżki pasty aji amarillo
- 1/4 szklanki majonezu
- 1 łyżka soku z limonki
- Sól i pieprz do smaku

INSTRUKCJE:

a) Rozłóż opakowanie bułki jajecznej, połóż kawałek fresku queso na środku i zwiń, uszczelniając krawędzie ubitym jajkiem.
b) Na patelni rozgrzej olej do smażenia.
c) Smaż tequeño, aż będą złocistobrązowe i chrupiące.
d) Aby przygotować sos, wymieszaj pastę aji amarillo, majonez, sok z limonki, sól i pieprz.
e) Podawaj tequeño z sosem.

18.Frytki Yuca

SKŁADNIKI:

- 2 funty yuca (maniok), obranej i pokrojonej w frytki
- olej do smażenia
- Sól dla smaku

INSTRUKCJE:

a) Rozgrzej olej we frytkownicy lub dużym garnku do temperatury 350°F (175°C).
b) Smażyć frytki yuca partiami, aż będą złociste i chrupiące, około 4-5 minut.
c) Wyjąć i odsączyć na ręcznikach papierowych.
d) Posyp solą i podawaj na gorąco.

19. Peruwiańskie Ceviche

SKŁADNIKI:
- 1 funt białej ryby (takiej jak okoń morski lub sola), pokrojonej na małe kawałki
- 1 szklanka świeżego soku z limonki
- 1 czerwona cebula, drobno pokrojona
- 2-3 papryczki aji limo (lub inne ostre papryczki chili), drobno posiekane
- 1-2 ząbki czosnku, posiekane
- 1 słodki ziemniak, ugotowany i pokrojony w plasterki
- 1 kłos kukurydzy, ugotowany i pokrojony w krążki
- Świeża kolendra, posiekana
- Sól i pieprz do smaku

INSTRUKCJE:
a) W dużej misce wymieszaj rybę i sok z limonki. Kwas zawarty w soku z limonki „ugotuje" rybę. Pozostawiamy do marynowania na około 10-15 minut.

b) Do marynowanej ryby dodaj pokrojoną w plasterki czerwoną cebulę i papryczki aji limo. Dobrze wymieszaj.

c) Doprawiamy przeciśniętym przez praskę czosnkiem, solą i pieprzem.

d) Podawaj ceviche z plasterkami gotowanych słodkich ziemniaków, kawałkami kukurydzy i dodatkiem świeżej kolendry.

20.Ziemniaki w stylu Papa a la Huancaína/Huancayo

SKŁADNIKI:
- 4 duże żółte ziemniaki
- 1 szklanka sosu aji amarillo (zrobionego z peruwiańskich żółtych papryczek chili)
- 1 szklanka pokruszonego queso fresco (peruwiańskiego świeżego sera).
- 4 słone krakersy
- 1/4 szklanki skondensowanego mleka
- 2 łyżki oleju roślinnego
- 2 jajka na twardo, pokrojone w plasterki
- Czarne oliwki do dekoracji
- Liście sałaty (opcjonalnie)

INSTRUKCJE:
a) Ziemniaki ugotuj do miękkości, obierz je i pokrój w krążki.
b) W blenderze połącz sos aji amarillo, fresk queso, słone krakersy, mleko skondensowane i olej roślinny. Mieszaj, aż uzyskasz kremowy sos.
c) Ułóż krążki ziemniaków na talerzu (w razie potrzeby na liściach sałaty).
d) Polać ziemniaki sosem Huancaína.
e) Udekoruj plasterkami jajka na twardo i czarnymi oliwkami.
f) Podawać na zimno.

21.Palta Rellena / Nadziewane Awokado

SKŁADNIKI:
- 2 dojrzałe awokado, przekrojone na pół i pozbawione pestek
- 1 puszka tuńczyka, odsączona
- 1/4 szklanki majonezu
- 1/4 szklanki posiekanej świeżej kolendry
- 1/4 szklanki czerwonej cebuli, drobno posiekanej
- Sok limonkowy
- Sól i pieprz do smaku
- Liście sałaty do podania

INSTRUKCJE:
a) Ze środka każdej połówki awokado wydrąż miąższ, tak aby powstał wgłębienie.
b) W misce wymieszaj tuńczyka, majonez, kolendrę, czerwoną cebulę i odrobinę soku z limonki. Doprawić solą i pieprzem.
c) Napełnij połówki awokado masą z tuńczyka.
d) Podawać na liściach sałaty.
e) Ciesz się dodatkowymi peruwiańskimi przekąskami i przekąskami!

MAKARON

22. Carapulcra z Sopa Seca

SKŁADNIKI:
DLA KARApulkry:
- 2 kg suszonych ziemniaków (papas secas)
- 1 funt łopatki wieprzowej, pokrojonej w kostkę
- 1/4 szklanki pasty aji panca (peruwiańska pasta z czerwonego chili)
- 1/4 szklanki zmielonych orzeszków ziemnych
- 1 czerwona cebula, drobno posiekana
- 4 ząbki czosnku, posiekane
- 2 szklanki bulionu z kurczaka
- 1/2 szklanki białego wina
- 2 liście laurowe
- Olej roślinny do smażenia
- Sól i pieprz do smaku

DLA SOPA SECA:
- 2 szklanki makaronu z włosami anioła, podzielonego na małe kawałki
- 1/4 szklanki oleju roślinnego
- 2 ząbki czosnku, posiekane
- 2 szklanki bulionu z kurczaka
- Sól i pieprz do smaku

INSTRUKCJE:
a) Przygotowanie karapulkry: W dużym garnku rozgrzej olej roślinny i zrumień pokrojoną w kostkę wieprzowinę.
b) Dodać drobno posiekaną cebulę, przeciśnięty przez praskę czosnek i pastę aji panca. Gotuj, aż cebula będzie miękka.
c) Wymieszaj zmielone orzeszki ziemne, suszone ziemniaki, bulion z kurczaka, białe wino, liście laurowe, sól i pieprz. Gotuj, aż suszone ziemniaki będą miękkie, a gulasz zgęstnieje.
d) Przygotowanie Sopa Seca: Na osobnej patelni rozgrzej olej roślinny i smaż połamany makaron z włosami anioła, aż nabierze złotobrązowego koloru.
e) Dodać posiekany czosnek, bulion z kurczaka, sól i pieprz. Gotuj, aż makaron będzie miękki, a bulion się wchłonie.
f) Podawaj Carapulcra i Sopa Seca razem, aby uzyskać pyszne peruwiańskie połączenie.

23.Sałatka Tofu Lomo Saltado

SKŁADNIKI:
NA SAŁATKĘ:
- 2 szklanki mieszanki sałat (np. sałaty, szpinaku, rukoli)
- 1 czerwona cebula, pokrojona w cienkie plasterki
- 1 pomidor, pokrojony w ósemki
- 1 szklanka ugotowanej komosy ryżowej
- 1 szklanka pieczonych pasków czerwonej papryki
- 1/2 szklanki gotowanej zielonej fasolki

NA TOFU LOMO Saltado:
- 14 uncji bardzo twardego tofu, pokrojonego w kostkę
- 2 łyżki sosu sojowego
- 1 łyżka octu
- 1 łyżka pasty aji amarillo (peruwiańska żółta pasta chili)
- 1 ząbek czosnku, posiekany
- Sól i pieprz do smaku
- Olej roślinny do smażenia

INSTRUKCJE:
a) Wymieszaj kostki tofu z sosem sojowym, octem, pastą aji amarillo, mielonym czosnkiem, solą i pieprzem. Marynować około 15 minut.
b) Rozgrzej olej roślinny na patelni i smaż marynowane tofu, aż będzie chrupiące.
c) Złóż sałatkę, układając mieszankę warzyw, czerwoną cebulę, pomidor, komosę ryżową, pieczoną czerwoną paprykę i fasolkę szparagową.
d) Sałatkę posyp chrupiącym tofu Lomo Saltado.
e) Podawać z lekkim winegretem lub ulubionym dressingiem.

24. Zielone Spaghetti

SKŁADNIKI:
- 1 funt fettuccine lub makaronu spaghetti
- 2 szklanki świeżych liści bazylii
- 1 szklanka świeżych liści szpinaku
- 1/2 szklanki startego parmezanu
- 1/4 szklanki orzechów włoskich lub orzeszków piniowych
- 2 ząbki czosnku
- 1/2 szklanki skondensowanego mleka
- 1/4 szklanki oleju roślinnego
- 1 łyżka. Oliwa z oliwek
- Sól i pieprz do smaku
- Tarty parmezan do dekoracji

INSTRUKCJE:
a) Ugotuj makaron zgodnie z instrukcją na opakowaniu, aż będzie al dente. Odcedź i odłóż na bok.
b) W blenderze lub robocie kuchennym wymieszaj liście bazylii, liście szpinaku, starty parmezan, orzechy włoskie lub orzeszki piniowe, czosnek, mleko skondensowane, olej roślinny i oliwę z oliwek. Mieszaj, aż uzyskasz gładki i żywy zielony sos.
c) Rozgrzej dużą patelnię na średnim ogniu.
d) Dodaj zielony sos na patelnię i smaż przez około 5 minut, mieszając od czasu do czasu, aż sos się rozgrzeje.
e) Ugotowany makaron dodać na patelnię z zielonym sosem. Wrzucaj makaron do sosu, aż będzie dobrze pokryty i podgrzany.
f) Dopraw solą i pieprzem do smaku. Dopraw przyprawy według własnych upodobań.
g) Przełóż Tallarines Verdes/Green Spaghetti do naczynia do serwowania lub pojedynczych talerzy. Udekoruj tartym parmezanem.
h) Podawaj natychmiast, gdy są jeszcze ciepłe.

25. Zielony Sos Z Linguine

SKŁADNIKI:
DLA TALLARINES:
- 8 uncji makaronu fettuccine lub linguine
- 2 szklanki świeżych liści szpinaku
- 1/2 szklanki świeżych liści bazylii
- 1/4 szklanki queso fresco (peruwiański świeży ser)
- 2 ząbki czosnku, posiekane
- 1/4 szklanki skondensowanego mleka
- 2 łyżki oleju roślinnego
- Sól i pieprz do smaku

NA SAŁATKĘ:
- Mieszanka warzyw (np. sałata, rukola, szpinak)
- pomidory koktajlowe
- Pokrojone awokado

INSTRUKCJE:
a) Ugotuj makaron zgodnie z instrukcją na opakowaniu, aż będzie al dente. Odcedź i odłóż na bok.
b) W blenderze połącz świeży szpinak, bazylię, fresk queso, mielony czosnek, mleko zagęszczone, olej roślinny, sól i pieprz. Mieszaj, aż uzyskasz kremowy zielony sos.
c) Ugotowany makaron wymieszać z zielonym sosem, aż będzie dobrze pokryty.
d) Podawaj zielony makaron na mieszance warzyw, udekorowany pomidorkami koktajlowymi i plasterkami awokado.

26.Tallarines Rojos (sos z czerwonego makaronu)

SKŁADNIKI:
DLA TALLARINES:
- 8 uncji makaronu fettuccine lub linguine
- 1/4 szklanki oleju roślinnego
- 2 ząbki czosnku, posiekane
- 1/4 szklanki pasty aji panca (peruwiańska pasta z czerwonego chili)
- 1 szklanka skondensowanego mleka
- 1/4 szklanki queso fresco (peruwiański świeży ser)
- Sól i pieprz do smaku

NA SAŁATKĘ:
- Mieszanka warzyw (np. sałata, rukola, szpinak)
- Pokrojone awokado
- pomidory koktajlowe

INSTRUKCJE:
a) Ugotuj makaron zgodnie z instrukcją na opakowaniu, aż będzie al dente. Odcedź i odłóż na bok.
b) W rondlu rozgrzej olej roślinny i dodaj posiekany czosnek. Gotuj przez minutę, aż zacznie pachnieć.
c) Wymieszaj pastę aji panca, skondensowane mleko, fresk queso, sól i pieprz. Gotuj, aż sos zgęstnieje.
d) Ugotowany makaron wymieszać z czerwonym sosem, aż będzie dobrze pokryty.
e) Podawaj czerwony makaron na mieszance warzyw, udekorowany plasterkami awokado i pomidorkami koktajlowymi.

27.Tallarines Verdes con Pollo (Zielony Makaron Z Kurczakiem)

SKŁADNIKI:
NA ZIELONY SOS:
- 2 szklanki świeżych liści szpinaku
- 1/2 szklanki świeżych liści bazylii
- 1/4 szklanki queso fresco (peruwiański świeży ser)
- 2 ząbki czosnku, posiekane
- 1/4 szklanki skondensowanego mleka
- 2 łyżki oleju roślinnego
- Sól i pieprz do smaku

DLA KURCZAKA:
- 4 piersi z kurczaka bez kości i skóry
- 2 łyżki oleju roślinnego
- Sól i pieprz do smaku

NA MAKARON:
- 8 uncji makaronu fettuccine lub linguine
- Tarty parmezan do dekoracji

INSTRUKCJE:
a) W blenderze połącz świeży szpinak, bazylię, fresk queso, mielony czosnek, mleko zagęszczone, olej roślinny, sól i pieprz. Mieszaj, aż uzyskasz gładki zielony sos.
b) Doprawić piersi kurczaka solą i pieprzem, następnie grillować lub smażyć na patelni, aż będą ugotowane.
c) Ugotuj makaron zgodnie z instrukcją na opakowaniu, aż będzie al dente. Odcedź i odłóż na bok.
d) Ugotowany makaron wymieszać z zielonym sosem, aż będzie dobrze pokryty.
e) Podawaj zielony makaron z grillowaną piersią kurczaka na wierzchu, posypaną tartym parmezanem.

DANIA DANIA WARZYWNE I SAŁATKI

28. Zapiekanka ziemniaczana w stylu Causa Limeña/Lima

SKŁADNIKI:
- 4 duże żółte ziemniaki, ugotowane i obrane
- 2 łyżki. olej roślinny
- 2 łyżki. sok limonkowy
- 1 łyżeczka. pasta z żółtej papryki ají (lub zastąp pastą aji amarillo)
- Sól dla smaku
- 1 puszka (5 uncji) tuńczyka z puszki, odsączonego
- 1 awokado, pokrojone w plasterki
- 4-6 liści sałaty
- 2 jajka na twardo, pokrojone w plasterki
- 8 czarnych oliwek
- Świeża pietruszka lub kolendra, posiekana, do dekoracji

INSTRUKCJE:

a) W dużej misce rozgnieć ugotowane i obrane żółte ziemniaki, aż będą gładkie i wolne od grudek.
b) Dodaj olej roślinny, sok z limonki, pastę z żółtej papryki ají i sól.
c) Dobrze wymieszaj do połączenia wszystkich składników i dopraw do smaku.
d) Wyłóż prostokątne lub kwadratowe naczynie folią spożywczą, pozostawiając wystarczająco dużo zwisu, aby później przykryć górę.
e) Rozłóż równomiernie połowę masy ziemniaczanej w wyłożonym papierem naczyniu, dociskając ją tak, aby utworzyła zwartą warstwę.
f) Na warstwę ziemniaków połóż tuńczyka z puszki, równomiernie rozprowadzając go po ziemniakach.
g) Połóż pokrojone awokado na warstwie tuńczyka, całkowicie je przykrywając.
h) Dodaj pozostałą mieszaninę ziemniaków na wierzch, wygładzając ją, aby utworzyć ostatnią warstwę.
i) Złóż plastikową folię na górze, aby przykryć przyczynę, i wstaw do lodówki na co najmniej 1 godzinę, aby ciasto mogło stwardnieć i stwardnieć.
j) Po schłodzeniu i stwardnieniu wyjmij przyczynę z naczynia, podnosząc ją za wystającą plastikową folię. Ostrożnie zdejmij folię i połóż causa na talerzu.
k) Ułóż liście sałaty na wierzchu causa. Udekoruj pokrojonymi w plasterki jajkami na twardo, czarnymi oliwkami i świeżo posiekaną natką pietruszki lub kolendrą.
l) Pokrój zapiekankę ziemniaczaną typu Causa Limeña/Lima na pojedyncze porcje i podawaj schłodzoną.

29. Rocoto Relleno/Nadziewane Papryczki Rocoto

SKŁADNIKI:
- 6 papryczek rokoto (zastąp czerwoną papryką, aby uzyskać łagodniejszy smak)
- 1 funt mielonej wołowiny lub wieprzowiny
- 1/2 szklanki pokrojonej w kostkę cebuli
- 3 ząbki czosnku, posiekane
- 1/2 szklanki pokrojonych w kostkę pomidorów
- 1/4 szklanki rodzynek
- 1/4 szklanki czarnych oliwek, pokrojonych w plasterki
- 1/4 szklanki posiekanej świeżej pietruszki
- 1 łyżeczka. mielony kminek
- 1 łyżeczka. suszone oregano
- Sól dla smaku
- Pieprz do smaku
- 1 szklanka startego sera (takiego jak mozzarella lub cheddar)
- Olej roślinny, do smażenia
- Na sos Huancaina (opcjonalnie):
- 1 szklanka skondensowanego mleka
- 1 szklanka pokruszonego sera queso fresco lub feta
- 2 żółte papryczki ají (lub zastąp pastą aji amarillo)
- 4 słone krakersy
- Sól dla smaku

INSTRUKCJE:

a) Rozgrzej piekarnik do 175°C (350°F).
b) Odetnij wierzchołki papryczek rokoto, usuń nasiona i błony.
c) Należy zachować ostrożność, ponieważ papryczki rokoto mogą być ostre. W razie potrzeby paprykę namoczyć w osolonej wodzie na 15 minut, aby zmniejszyć ogień.
d) Na patelni podsmaż mieloną wołowinę lub wieprzowinę na średnim ogniu, aż się zrumieni.
e) Dodaj pokrojoną w kostkę cebulę i posiekany czosnek i smaż, aż cebula stanie się przezroczysta.
f) Dodajemy pokrojone w kostkę pomidory, rodzynki, czarne oliwki, posiekaną natkę pietruszki, mielony kminek, suszone oregano, sól i pieprz.
g) Gotuj jeszcze kilka minut, żeby smaki się połączyły. Zdejmij z ognia i odłóż na bok.
h) Każdą papryczkę rokoto napełnij mieszanką mięsną, delikatnie dociskając, tak aby wypełniła całą paprykę.
i) Każdą wypełnioną paprykę posyp startym serem.
j) Rozgrzej olej roślinny na głębokiej patelni lub patelni na średnim ogniu.
k) Ostrożnie włóż nadziewane papryczki rokoto na gorący olej i smaż je, aż papryka lekko zmięknie, a ser się roztopi i zarumieni, około 5-7 minut. Wyjąć z oleju i odsączyć na talerzu wyłożonym ręcznikiem papierowym.
l) Usmażone papryczki rokoto przełóż do naczynia do pieczenia i piecz w nagrzanym piekarniku przez około 15 minut lub do momentu, aż papryka będzie całkowicie ugotowana i miękka.
m) Podczas pieczenia papryczek rokoto przygotuj sos Huancaina (opcjonalnie). W blenderze wymieszaj skondensowane mleko, pokruszony ser queso fresco lub feta, żółtą paprykę ají (lub pastę aji amarillo), słone krakersy i sól.
n) Mieszaj, aż masa będzie gładka i kremowa.
o) Podawaj Rocoto Relleno/Nadziewane Papryczki Rocoto na gorąco, skropione sosem Huancaina, jeśli chcesz.

30. Carapulcra/gulasz z suszonych ziemniaków

SKŁADNIKI:
- 1 funt (450 g) wieprzowiny, pokrojonej na kawałki wielkości kęsa
- 2 szklanki suszonych ziemniaków, namoczonych w wodzie, aż zmiękną
- 1 cebula, drobno posiekana
- 3 ząbki czosnku, posiekane
- 2 łyżki. olej roślinny
- 2 łyżki. pasta aji panca (peruwiańska pasta z czerwonej papryki)
- 2 łyżeczki. mielony kminek
- 1 łyżeczka. suszone oregano
- 1 łyżeczka. papryka
- 4 szklanki bulionu z kurczaka lub warzyw
- 1/2 szklanki orzeszków ziemnych, uprażonych i zmielonych
- Sól i pieprz do smaku
- Świeża kolendra, posiekana (do dekoracji)

INSTRUKCJE:
a) W dużym garnku rozgrzej olej roślinny na średnim ogniu.
b) Dodaj wieprzowinę i smaż, aż zrumieni się ze wszystkich stron. Wyjmij wieprzowinę z garnka i odłóż na bok.
c) W tym samym garnku dodaj posiekaną cebulę i przeciśnięty przez praskę czosnek. Smażyć, aż cebula będzie przezroczysta i pachnąca.
d) Do garnka dodaj pastę aji panca, mielony kminek, suszone oregano i paprykę. Dobrze wymieszaj, aby przyprawy pokryły cebulę i czosnek.
e) Zrumienioną wieprzowinę włóż z powrotem do garnka i wymieszaj z cebulą i mieszanką przypraw.
f) Odcedź namoczone suszone ziemniaki i dodaj je do garnka. Delikatnie wymieszaj, aby połączyć się z pozostałymi składnikami.
g) Wlać bulion drobiowy lub warzywny, upewniając się, że ziemniaki i wieprzowina są przykryte. Doprowadzić mieszaninę do wrzenia, następnie zmniejszyć ogień do małego i gotować na wolnym ogniu przez około 1 godzinę lub do momentu, aż ziemniaki będą miękkie, a smaki się połączą.
h) Wymieszaj zmielone orzeszki ziemne i dopraw solą i pieprzem do smaku. Kontynuuj gotowanie przez kolejne 10-15 minut.
i) Zdejmij z ognia i odstaw gulasz Carapulcra/suszony ziemniak na kilka minut przed podaniem.
j) Podawać gorące, udekorowane świeżo posiekaną kolendrą.

31. Sałatka Solterito/Peruwiańska

SKŁADNIKI:

- 2 szklanki ugotowanych i schłodzonych ziaren kukurydzy olbrzymiej (choclo)
- 1 szklanka ugotowanej i ostudzonej fasoli lima
- 1 szklanka ugotowanej i ostudzonej fasoli fava
- 1 szklanka ugotowanego i ostudzonego zielonego groszku
- 1 szklanka pokrojonych w kostkę dojrzałych pomidorów
- 1 szklanka pokrojonej w kostkę czerwonej cebuli
- 1 szklanka pokrojonej w kostkę papryki rokoto
- 1 szklanka pokrojonego w kostkę fresku queso (lub zastąp serem feta)
- 1/4 szklanki posiekanej świeżej kolendry
- 1/4 szklanki posiekanej świeżej pietruszki
- Sól i pieprz do smaku

UBIERANIE SIĘ

- 1/4 szklanki czerwonego octu winnego
- 1/4 szklanki oliwy z oliwek z pierwszego tłoczenia
- 1 ząbek czosnku, posiekany
- Sok z 1 limonki
- Sól i pieprz do smaku

INSTRUKCJE:

a) W dużej misce wymieszaj ugotowane ziarna kukurydzy olbrzymiej, fasolę lima, fasolę fava, zielony groszek, pokrojone w kostkę pomidory, czerwoną cebulę, paprykę rocoto, fresco queso, posiekaną kolendrę i posiekaną natkę pietruszki.

b) Dobrze wymieszaj.

c) W osobnej małej misce wymieszaj ocet winny z czerwonego wina, oliwę z oliwek z pierwszego tłoczenia, posiekany czosnek, sok z limonki, sól i pieprz, aby przygotować sos.

d) Sosem polej składniki sałatki i delikatnie wymieszaj, aż wszystko zostanie dobrze pokryte.

e) Spróbuj i w razie potrzeby dopraw solą i pieprzem.

f) Sałatkę Solterito/Peruvian Salade zamarynuj w lodówce przez co najmniej 30 minut, aby smaki się połączyły.

g) Przed podaniem wymieszaj sałatkę i udekoruj dodatkową posiekaną kolendrą lub natką pietruszki, jeśli chcesz.

h) Sałatkę Solterito/Peruvian Salade podawaj schłodzoną jako orzeźwiający dodatek lub lekkie danie główne.

32. Pikantna Terrina Ziemniaczana (Causa Rellena)

SKŁADNIKI:
DLA ZIEMNIAKÓW
- 2 funty. Złote ziemniaki z Jukonu
- ½ szklanki oliwy z oliwek
- 1/3 szklanki soku z limonki (około 3)
- 1 łyżeczka. proszek aji amarillo

DO WYPEŁNIEŃ DO WYBORU:
- Sałatka z tuńczyka
- Sałatka z kurczakiem
- Sałatka z krewetek
- Pomidor i awokado
- Do dodatków
- Pokrojone jajko na twardo
- Pokrojone awokado
- Przekrojone na pół pomidorki koktajlowe
- Czarne oliwki
- Zioła
- Papryka

INSTRUKCJE:
a) Ziemniaki gotujemy tak, aby można je było łatwo przekłuć nożem. Gdy ostygnie, obierz skórkę i rozgnieć na gładko lub przełóż przez praskę do ziemniaków.
b) Wymieszaj proszek chili z sokiem z limonki, aby nie było grudek i dodaj do ziemniaków wraz z oliwą z oliwek. Dodaj sól do smaku, prawdopodobnie będziesz potrzebować co najmniej jednej łyżeczki.
c) Wyłóż dwie 9-calowe patelnie folią i pozwól, aby dodatkowa część zwisała z krawędzi patelni.
d) Podzielić masę ziemniaczaną pomiędzy dwie przygotowane patelnie docisnąć, aby ją spłaszczyć i wygładzić. Przyłóż krawędzie plastikowej folii do ciasta ziemniaczanego i przechowuj w lodówce, aż ostygnie.

ZŁOŻYĆ
e) Wyjmij jeden placek ziemniaczany z patelni za pomocą plastikowej chusty, odwróć i połóż na półmisku. Posmaruj wybranym nadzieniem Na wierzch położyć drugi placek ziemniaczany.
f) Teraz zaczyna się zabawa. Udekoruj swoją causa rellena, korzystając z sugerowanych dodatków z listy lub puść wodze fantazji i wykorzysta wszystko, co masz pod ręką. Podać schłodzone.

33. Ensalada de Pallares (peruwiańska sałatka z fasoli lima)

SKŁADNIKI:

- 2 szklanki ugotowanej fasoli lima (pallares), odsączonej
- 1 czerwona cebula, drobno pokrojona
- 1 szklanka świeżych ziaren kukurydzy (ugotowanych)
- 1 szklanka pomidorków koktajlowych, przekrojonych na połówki
- 1/4 szklanki świeżej kolendry, posiekanej
- 1/4 szklanki queso fresco (peruwiańskiego świeżego sera), pokruszonego
- Sok limonkowy
- Oliwa z oliwek
- Sól i pieprz do smaku

INSTRUKCJE:

a) W dużej misce sałatkowej połącz ugotowaną fasolę lima, pokrojoną w plasterki czerwoną cebulę, świeże ziarna kukurydzy i pomidorki koktajlowe.
b) Skropić sokiem z limonki i oliwą z oliwek. Doprawić solą i pieprzem.
c) Mieszamy sałatkę tak, aby wszystkie składniki się połączyły.
d) Udekoruj pokruszonym freskiem queso i świeżą kolendrą.
e) Podawać jako orzeźwiającą sałatkę.

34.Sałatka Aji de Gallina

SKŁADNIKI:
NA SAŁATKĘ:
- 2 szklanki ugotowanego i rozdrobnionego kurczaka
- 4 ugotowane ziemniaki, pokrojone w plasterki
- 2 jajka na twardo, pokrojone w plasterki
- 1/2 szklanki czarnych oliwek
- 1/4 szklanki prażonych orzeszków ziemnych
- Liście sałaty do podania

NA DRESS AJI DE GALLINA:
- 1 szklanka sosu aji amarillo
- 1/2 szklanki skondensowanego mleka
- 1/4 szklanki startego parmezanu
- 2 kromki białego chleba, pozbawione skórki i namoczone w mleku
- 2 ząbki czosnku, posiekane
- 2 łyżki oleju roślinnego
- Sól i pieprz do smaku

INSTRUKCJE:
a) W blenderze połącz sos aji amarillo, mleko zagęszczone, parmezan, namoczony chleb, przeciśnięty przez praskę czosnek, sól i pieprz. Mieszaj, aż będzie gładka.
b) Rozgrzej olej roślinny na patelni i dodaj sos aji de gallina. Gotuj kilka minut, aż zgęstnieje.
c) Na talerzach ułóż liście sałaty.
d) Na wierzch połóż posiekanego kurczaka, pokrojone w plasterki ziemniaki i plasterki gotowanych jajek.
e) Sałatkę skrop sosem aji de gallina.
f) Udekoruj czarnymi oliwkami i prażonymi orzeszkami ziemnymi.
g) Podawać na ciepło.

35. Ensalada de Quinua (sałatka z komosy ryżowej)

SKŁADNIKI:
- 2 szklanki ugotowanej komosy ryżowej
- 1 szklanka pokrojonego w kostkę ogórka
- 1 szklanka pokrojonej w kostkę czerwonej papryki
- 1 szklanka ziaren kukurydzy (ugotowanych)
- 1/2 szklanki posiekanej świeżej kolendry
- 1/4 szklanki czerwonej cebuli, drobno posiekanej
- 1/4 szklanki sera feta, pokruszonego
- Sok z 2 limonek
- Oliwa z oliwek
- Sól i pieprz do smaku

INSTRUKCJE:
a) W dużej misce sałatkowej połącz ugotowaną komosę ryżową, pokrojony w kostkę ogórek, czerwoną paprykę, ziarna kukurydzy, świeżą kolendrę i czerwoną cebulę.
b) Skropić sokiem z limonki i oliwą z oliwek. Doprawić solą i pieprzem.
c) Mieszamy sałatkę tak, aby wszystkie składniki się połączyły.
d) Udekoruj pokruszonym serem feta.
e) Podawać jako orzeźwiającą sałatkę z komosy ryżowej.

36. Fasola Lima w sosie kolendrowym

SKŁADNIKI:

- 2 szklanki ugotowanej fasoli lima (pallares), odsączonej
- 1 szklanka świeżych liści kolendry
- 2 ząbki czosnku
- 1/2 szklanki queso fresco (peruwiańskiego świeżego sera), pokruszonego
- 2 łyżki oleju roślinnego
- Sól i pieprz do smaku

INSTRUKCJE:
a) W blenderze połącz świeżą kolendrę, czosnek, fresk queso, olej roślinny, sól i pieprz. Mieszaj, aż uzyskasz gładki sos kolendrowy.
b) Wymieszaj ugotowaną fasolę lima z sosem kolendrowym.
c) Podawać jako przystawkę lub lekkie danie główne.

37. Solterito de Quinua (sałatka z Quinoa Solterito)

SKŁADNIKI:

- 2 szklanki ugotowanej komosy ryżowej
- 1 szklanka ugotowanej i łuskanej fasoli fava (lub fasoli lima)
- 1 szklanka pokrojonego w kostkę fresku queso (peruwiański świeży ser)
- 1 szklanka pokrojonych w kostkę dojrzałych pomidorów
- 1/2 szklanki pokrojonej w kostkę czerwonej cebuli
- 1/4 szklanki posiekanej świeżej kolendry
- 1/4 szklanki czarnych oliwek
- 1/4 szklanki sosu aji amarillo (peruwiański żółty sos chili)
- Oliwa z oliwek
- Sól i pieprz do smaku

INSTRUKCJE:

a) W dużej misce sałatkowej połącz ugotowaną komosę ryżową, fasolę fava, fresk queso, pokrojone w kostkę pomidory, pokrojoną w kostkę czerwoną cebulę i posiekaną świeżą kolendrę.
b) Skropić oliwą z oliwek i sosem aji amarillo. Doprawić solą i pieprzem.
c) Mieszamy sałatkę tak, aby wszystkie składniki się połączyły.
d) Udekoruj czarnymi oliwkami.
e) Podawać jako orzeźwiającą sałatkę z komosy ryżowej.

Wołowina, jagnięcina i wieprzowina

38. Pachamanca / Andyjskie Mięso i Warzywa

SKŁADNIKI:

- 1 funt wołowiny, pokrojonej na kawałki
- 1 funt wieprzowiny, pokrojonej na kawałki
- 1 funt kurczaka, pokrojonego na kawałki
- 1 funt ziemniaków, obranych i przekrojonych na połówki
- 1 funt słodkich ziemniaków, obranych i pokrojonych w plasterki
- 2 kłosy kukurydzy, obrane i przekrojone na pół
- 1 szklanka fasoli fava lub fasoli lima
- 1 szklanka świeżego lub mrożonego zielonego groszku
- 1 szklanka świeżego lub mrożonego bobu
- 1 czerwona cebula, pokrojona w cienkie plasterki
- 4 ząbki czosnku, posiekane
- 1 łyżka. suszone oregano
- 1 łyżka. mielony kminek
- 1 łyżka. pasta aji panca (lub zastąp pastą z czerwonego chili)
- 1/4 szklanki oleju roślinnego
- Sól dla smaku
- Świeża kolendra, posiekana, do dekoracji

INSTRUKCJE:

a) Rozgrzej piekarnik do 180°C (350°F).
b) W dużej misce wymieszaj wołowinę, wieprzowinę, kurczaka, czerwoną cebulę, czosnek, suszone oregano, mielony kminek, pastę aji panca, olej roślinny i sól.
c) Dobrze wymieszaj, aby całe mięso było pokryte marynatą.
d) Pozostawiamy do marynowania na co najmniej 30 minut, a najlepiej na całą noc w lodówce.
e) W dużym naczyniu do pieczenia lub brytfance ułóż marynowane mięso, ziemniaki, słodkie ziemniaki, kukurydzę, fasolę fava, zielony groszek i bób.
f) Przykryj naczynie do pieczenia szczelnie folią aluminiową, upewniając się, że jest dobrze uszczelnione, aby zatrzymać parę.
g) Włóż naczynie do pieczenia do nagrzanego piekarnika i piecz przez około 2 do 3 godzin lub do momentu, aż mięso będzie miękkie, a ziemniaki i słodkie ziemniaki będą ugotowane.
h) Ostrożnie zdejmij folię i sprawdź, czy składniki są gotowe.
i) W razie potrzeby kontynuuj pieczenie bez przykrycia jeszcze przez kilka minut, aż wszystko będzie całkowicie ugotowane i ładnie zarumienione.
j) Po ugotowaniu wyjmij pachamankę z piekarnika i odstaw na kilka minut.
k) Podawaj pachamankę na dużym talerzu, udekorowaną świeżą posiekaną kolendrą.

39. Wołowina Carne a la Tacneña/Tacna

SKŁADNIKI:
- 1,5 funta wołowiny pokrojonej na kawałki wielkości kęsa
- 1 cebula, drobno posiekana
- 2 ząbki czosnku, posiekane
- 1 czerwona papryka, pokrojona w cienkie plasterki
- 1 żółta papryka, pokrojona w cienkie plasterki
- 1 pomidor, pokrojony w kostkę
- 2 łyżki. oleju roślinnego
- 1 łyżka. pasty ají panca (peruwiańska pasta z czerwonego chili) lub zastąp pastą pomidorową
- 1 łyżeczka. mielonego kminku
- 1 łyżeczka. suszonego oregano
- 1 szklanka bulionu wołowego
- 1 szklanka wytrawnego białego wina
- Sól i pieprz do smaku
- Świeża kolendra do dekoracji
- Ugotowany biały ryż do podania

INSTRUKCJE:

a) W dużym garnku lub piekarniku holenderskim rozgrzej olej roślinny na średnim ogniu.
b) Do garnka dodaj posiekaną cebulę i posiekany czosnek i smaż, aż cebula stanie się przezroczysta, a czosnek zacznie pachnieć.
c) Do garnka włóż wołowinę i smaż, aż będzie rumiana ze wszystkich stron.
d) Wymieszaj pastę ají panca (lub koncentrat pomidorowy), mielony kminek i suszone oregano.
e) Gotuj przez minutę, aby przypiec przyprawy.
f) Do garnka dodać pokrojoną w plasterki czerwoną i żółtą paprykę oraz pokrojonego w kostkę pomidora. Dobrze wymieszaj, aby połączyć.
g) Wlać bulion wołowy i białe wino.
h) Dopraw solą i pieprzem do smaku.
i) Doprowadź mieszaninę do wrzenia, następnie zmniejsz ogień do małego i gotuj na wolnym ogniu przez około 1,5 do 2 godzin lub do momentu, aż wołowina będzie miękka, a smaki się połączą. Mieszaj od czasu do czasu i w razie potrzeby dodaj więcej bulionu lub wody, aby zachować pożądaną konsystencję.
j) Gdy wołowina będzie miękka, zdejmij garnek z ognia.
k) Podawaj gorącą wołowinę Carne a la Tacneña/Tacna-Style z ugotowanym białym ryżem.
l) Udekoruj każdą porcję świeżą kolendrą.

40. Seco de Cordero/gulasz jagnięcy

SKŁADNIKI:
- 2 funty gulaszu jagnięcego, pokrojonego na kawałki
- 2 łyżki. olej roślinny
- 1 cebula, drobno posiekana
- 3 ząbki czosnku, posiekane
- 2 łyżki. pasta ají amarillo
- 1 łyżeczka. mielony kminek
- 1 łyżeczka. suszone oregano
- 1 szklanka ciemnego piwa (takiego jak stout lub ale)
- 2 szklanki bulionu wołowego lub warzywnego
- 2 szklanki pokrojonych w kostkę pomidorów (świeżych lub z puszki)
- 1/2 szklanki posiekanej kolendry
- 2 szklanki mrożonego lub świeżego zielonego groszku
- 4 średnie ziemniaki, obrane i pokrojone na ćwiartki
- Sól dla smaku
- Pieprz do smaku

INSTRUKCJE:

a) Rozgrzej olej roślinny w dużym garnku lub holenderskim piekarniku na średnim ogniu.

b) Dodaj gulasz jagnięcy i smaż, aż zrumieni się ze wszystkich stron. Wyjmij mięso z garnka i odłóż na bok.

c) W tym samym garnku dodaj posiekaną cebulę i przeciśnięty przez praskę czosnek. Smażyć, aż cebula stanie się przezroczysta.

d) Wymieszaj pastę ají amarillo, mielony kminek i suszone oregano.

e) Gotuj jeszcze przez minutę, aby smaki się połączyły.

f) Mięso gulasz jagnięcy włóż z powrotem do garnka i zalej ciemnym piwem. Doprowadź mieszaninę do wrzenia i gotuj przez kilka minut, aby alkohol odparował.

g) Do garnka dodać bulion wołowy lub warzywny oraz pokrojone w kostkę pomidory. Doprowadzić mieszaninę do wrzenia, następnie zmniejszyć ogień do małego, przykryć garnek i gotować na wolnym ogniu przez około 1 godzinę lub do momentu, aż jagnięcina będzie miękka.

h) Dodaj posiekaną kolendrę, zielony groszek i pokrojone w ćwiartki ziemniaki. Kontynuuj gotowanie na wolnym ogniu przez kolejne 15-20 minut lub do momentu, aż ziemniaki będą ugotowane, a smaki się połączą.

i) Dopraw solą i pieprzem do smaku. Dostosuj przyprawę i gęstość sosu według własnych upodobań, w razie potrzeby dodając więcej bulionu.

j) Podawaj na gorąco Seco de Cordero/gulasz jagnięcy z ryżem gotowanym na parze i plasterkami awokado.

41.Lomo Saltado / Smażona Wołowina

SKŁADNIKI:
- 1 funt polędwicy wołowej, pokrojonej w cienkie paski
- 2 łyżki. olej roślinny
- 1 czerwona cebula, pokrojona w plasterki
- 2 pomidory, pokrojone w ósemki
- 1 żółta papryka, pokrojona w plasterki
- 1 zielona papryka, pokrojona w plasterki
- 3 ząbki czosnku, posiekane
- 2 łyżki. sos sojowy
- 2 łyżki. czerwony ocet winny
- 1 łyżeczka. kminek w proszku
- Sól dla smaku
- Świeżo zmielony czarny pieprz do smaku
- 1/4 szklanki posiekanej świeżej kolendry
- Frytki, gotowane, do podania
- Ryż biały gotowany na parze, do podania

INSTRUKCJE:

a) Na dużej patelni lub woku rozgrzej olej roślinny na dużym ogniu.

b) Na rozgrzany olej wrzucamy paski wołowiny i smażymy, aż się zarumienią ze wszystkich stron.

c) Zdejmij wołowinę z patelni i odłóż na bok.

d) Na tej samej patelni dodaj pokrojoną w plasterki czerwoną cebulę i smaż, aż lekko zmięknie.

e) Na patelnię dodaj pomidory, paprykę i posiekany czosnek. Smażymy kilka minut, aż warzywa będą chrupiące.

f) Ugotowaną wołowinę włóż z powrotem na patelnię i dobrze wymieszaj z warzywami.

g) W małej misce wymieszaj sos sojowy, ocet winny, kminek w proszku, sól i czarny pieprz. Sosem tym polej wołowinę i warzywa na patelni. Mieszaj, aby wszystko równomiernie się pokryło.

h) Gotuj jeszcze przez 2-3 minuty, pozwalając, aby smaki się połączyły.

i) Zdejmij patelnię z ognia i posyp świeżą kolendrą Lomo Saltado.

j) Podawaj Lomo Saltado na gorąco w towarzystwie gotowanych frytek i białego ryżu gotowanego na parze.

42. Tacacho con Cecina/Smażony Banan i Suszone Mięso

SKŁADNIKI:
- 4 zielone plantany
- 14 uncji cecina (solona i wędzona schabowa)
- Olej roślinny do smażenia
- Sól dla smaku

INSTRUKCJE:

a) Zacznij od ugotowania zielonych plantanów w dużym garnku z wodą, aż będą miękkie i delikatne. Zwykle zajmuje to około 20-30 minut.

b) Podczas gdy banany się gotują, pokrój cecinę w cienkie paski lub małe kawałki.

c) Rozgrzej patelnię na średnim ogniu i dodaj niewielką ilość oleju roślinnego.

d) Smażyć cecinę na patelni, aż stanie się chrupiąca i rumiana z obu stron. Zwykle zajmuje to około 5-7 minut. Odłożyć na bok.

e) Gdy banany się ugotują, wyjmij je z wody i obierz ze skórki. Powinny być miękkie i łatwe w obsłudze.

f) Obrane banany włóż do dużej miski i rozgnieć tłuczkiem do ziemniaków lub widelcem, aż będą gładkie i wolne od grudek.

g) Dopraw puree z bananów solą do smaku i dobrze wymieszaj.

h) Podziel puree z bananów na równe części i uformuj z nich okrągłe kulki lub paszteciki.

i) Rozgrzej patelnię lub patelnię na średnim ogniu i dodaj tyle oleju roślinnego, aby przykrył dno.

j) Ułóż kulki lub paszteciki z babki lancetowatej na gorącej patelni i lekko je spłaszcz szpatułką. Smaż je, aż staną się złocistobrązowe i chrupiące z obu stron. Zwykle zajmuje to około 5 minut na stronę.

k) Zdejmij smażone tacacho z patelni i odsącz je na ręcznikach papierowych, aby usunąć nadmiar oleju.

l) Podawaj tacacho z chrupiącą ceciną na wierzchu. Można go również podawać z dodatkiem salsy criolla (tradycyjna peruwiańska salsa cebulowo-limonkowa) lub aji (pikantny sos peruwiański).

43. Adobo/marynowany gulasz wieprzowy

SKŁADNIKI:
- 2 funty łopatki wieprzowej lub kawałków kurczaka
- 4 ząbki czosnku, posiekane
- 2 łyżki. olej roślinny
- 1/4 szklanki białego octu
- 2 łyżki. sos sojowy
- 2 łyżki. pasta aji panca (peruwiańska pasta z czerwonej papryki)
- 1 łyżeczka. mielony kminek
- 1 łyżeczka. suszone oregano
- 1/2 łyżeczki zmielony czarny pieprz
- 1/2 łyżeczki sól lub do smaku

INSTRUKCJE:
a) W misce wymieszaj posiekany czosnek, olej roślinny, biały ocet, sos sojowy, pastę aji panca, kminek, suszone oregano, czarny pieprz i sól.
b) Dobrze wymieszaj, tworząc marynatę.
c) Umieść łopatkę wieprzową lub kawałki kurczaka w płytkim naczyniu lub torebce Ziploc. Zalać marynatą mięso, upewniając się, że jest dobrze nią pokryte.
d) Przykryj naczynie lub zamknij torebkę i wstaw do lodówki na co najmniej 2 godziny, a najlepiej na noc, aby smaki mogły przeniknąć do mięsa.
e) Rozgrzej grill lub piekarnik do średnio-wysokiej temperatury.
f) Jeśli używasz grilla, wyjmij mięso z marynaty i grilluj na średnim ogniu, aż będzie ugotowane i ładnie przypieczone na zewnątrz.
g) Jeśli korzystasz z piekarnika, połóż marynowane mięso na blasze do pieczenia i piecz w temperaturze 200°C przez około 25-30 minut lub do momentu, aż mięso będzie ugotowane i rumiane.
h) Po ugotowaniu zdejmij mięso z ognia i odstaw na kilka minut przed pokrojeniem lub podaniem.

44.Causa de Pollo (peruwiańska zapiekanka z kurczakiem i ziemniakami)

SKŁADNIKI:
DLA PRZYCZYNY:
- 4 duże żółte ziemniaki
- 1/4 szklanki soku z limonki
- 2 łyżki oleju roślinnego
- 1 łyżeczka pasty aji amarillo (peruwiańska żółta pasta chili)
- 1 szklanka gotowanego kurczaka, posiekanego
- 1 awokado, pokrojone w plasterki
- 2 jajka na twardo, pokrojone w plasterki
- Sól i pieprz do smaku

NA SOS AJI AMARILLO:
- 2 papryczki aji amarillo, pozbawione nasion i pozbawione żyłek
- 2 łyżki oleju roślinnego
- 1/4 szklanki queso fresco (peruwiański świeży ser)
- 1/4 szklanki skondensowanego mleka
- Sól i pieprz do smaku

INSTRUKCJE:
Dla sprawy:
a) Gotuj ziemniaki, aż będą miękkie i można je łatwo rozgnieść.
b) Obierz i rozgnieć ziemniaki, gdy są jeszcze ciepłe.
c) Dodaj sok z limonki, olej roślinny, pastę aji amarillo, sól i pieprz. Dobrze wymieszaj, aby powstało gładkie ciasto ziemniaczane.
d) Ciasto ziemniaczane podzielić na małe porcje.
e) Spłaszczyć część ciasta i ułożyć warstwę rozdrobnionego kurczaka.
f) Na wierzch połóż kolejną warstwę ciasta ziemniaczanego.
g) Udekoruj plasterkami awokado i plasterkami jajka na twardo.
h) Podać schłodzone.

Na sos Aji Amarillo:
i) W blenderze połącz papryczki aji amarillo, olej roślinny, fresk queso, mleko skondensowane, sól i pieprz. Mieszaj, aż uzyskasz kremowy sos.
j) Podawaj Causa de Pollo z odrobiną sosu Aji Amarillo.

45. Cordero a la Norteña (jagnięcina w stylu północnym)

SKŁADNIKI:

- 2 funty łopatki lub udka jagnięcego, pokrojonego na kawałki
- 1/4 szklanki oleju roślinnego
- 1 czerwona cebula, drobno posiekana
- 2 ząbki czosnku, posiekane
- 2 łyżki pasty aji amarillo (peruwiańska żółta pasta chili)
- 1 szklanka chicha de jora (peruwiańskie fermentowane piwo kukurydziane)
- 2 szklanki mrożonego lub świeżego groszku
- 2 szklanki białego ryżu
- 2 szklanki wody
- Sól i pieprz do smaku

INSTRUKCJE:

a) W dużym garnku rozgrzej olej roślinny i zrumień kawałki jagnięciny.
b) Dodać drobno posiekaną cebulę, przeciśnięty przez praskę czosnek i pastę aji amarillo. Gotuj, aż cebula będzie miękka.
c) Wlać chicha de jora i dusić, aż jagnięcina będzie miękka, a sos zgęstnieje.
d) W osobnym garnku ugotuj biały ryż z wodą, solą i pieprzem.
e) Podawaj jagnięcinę z ugotowanym ryżem, udekorowaną groszkiem.

46. Anticuchos / Grillowane Serce Wołowe Szaszłyki

SKŁADNIKI:
- 1,5 funta steku z serca wołowego lub polędwicy wołowej, pokrojonego na kawałki wielkości kęsa
- 1/4 szklanki czerwonego octu winnego
- 3 łyżki. olej roślinny
- 2 ząbki czosnku, posiekane
- 1 łyżka. mielony kminek
- 1 łyżka. papryka
- 1 łyżeczka. suszone oregano
- 1 łyżeczka. chili w proszku
- Sól dla smaku
- Świeżo zmielony czarny pieprz do smaku
- Drewniane szaszłyki namoczone w wodzie przez co najmniej 30 minut
- Salsa de Aji (peruwiański sos chili) do podania

INSTRUKCJE:
a) W dużej misce wymieszaj ocet winny, olej roślinny, zmielony czosnek, mielony kminek, paprykę, suszone oregano, chili w proszku, sól i czarny pieprz.
b) Dobrze wymieszaj, aby utworzyć marynatę.
c) Do marynaty dodać kawałki serca wołowego lub polędwicy i wymieszać tak, aby dokładnie pokryło mięso.
d) Przykryj miskę i pozostaw ją w lodówce na co najmniej 2 godziny, a najlepiej na całą noc, aby smaki mogły się przegryźć.
e) Rozgrzej grill lub brojler do średnio-wysokiej temperatury.
f) Na namoczone drewniane patyczki do szaszłyków nadziewamy kawałki marynowanej wołowiny, pozostawiając między nimi niewielką przestrzeń.
g) Grilluj lub smaż anticuchos przez około 3-4 minuty z każdej strony lub do momentu, aż mięso będzie ugotowane do pożądanego poziomu wysmażenia.
h) Od czasu do czasu obracaj szaszłyki, aby równomiernie się upiekły.
i) Ugotowane anticuchos zdejmij z grilla lub grilla i odstaw na kilka minut przed podaniem.
j) Podawaj anticuchos na gorąco w towarzystwie Salsa de Aji, tradycyjnego peruwiańskiego sosu chili, do maczania.

DRÓB

47.Estofado de Pollo/gulasz z kurczaka

SKŁADNIKI:
- 2 funty kawałków kurczaka (nogi, uda lub cały kurczak pokrojony na kawałki)
- 2 łyżki. olej roślinny
- 1 cebula, drobno posiekana
- 2 ząbki czosnku, posiekane
- 1 czerwona papryka, pokrojona w plasterki
- 1 żółta papryka, pokrojona w plasterki
- 2 pomidory pokrojone w kostkę
- 2 łyżki. koncentrat pomidorowy
- 1 szklanka bulionu z kurczaka
- 1 szklanka mrożonego zielonego groszku
- 1 łyżeczka. mielony kminek
- 1 łyżeczka. papryka
- 1 łyżeczka. suszone oregano
- Sól i pieprz do smaku
- Świeża kolendra lub natka pietruszki, posiekana (do dekoracji)

INSTRUKCJE:

a) Kawałki kurczaka doprawiamy solą i pieprzem.
b) W dużym garnku lub piekarniku holenderskim rozgrzej olej roślinny na średnim ogniu.
c) Dodaj kawałki kurczaka i obsmaż je ze wszystkich stron. Wyjmij kurczaka z garnka i odłóż go na bok.
d) W tym samym garnku dodaj posiekaną cebulę, przeciśnięty przez praskę czosnek i pokrojoną w plasterki paprykę. Smażyć, aż warzywa zmiękną.
e) Do garnka dodaj pokrojone w kostkę pomidory i koncentrat pomidorowy, gotuj przez kilka minut, aż pomidory się rozpadną i puszczą sok.
f) Włóż kawałki kurczaka do garnka wraz z nagromadzonym sokiem. Mieszaj, aby pokryć kurczaka mieszanką warzyw i pomidorów.
g) Wlać bulion z kurczaka, dodać mielony kminek, paprykę, suszone oregano, sól i pieprz. Mieszaj do połączenia.
h) Doprowadzić gulasz do wrzenia, następnie zmniejszyć ogień do małego i przykryć garnek. Gotuj na wolnym ogniu przez około 30–40 minut lub do momentu, aż kurczak będzie ugotowany i miękki.
i) Dodaj zamrożony zielony groszek do garnka i gotuj przez dodatkowe 5 minut.
j) Posmakuj i w razie potrzeby dopraw do smaku.
k) Zdejmij garnek z ognia i pozostaw na kilka minut.
l) Podawaj Estofado de Pollo/gulasz z kurczaka na gorąco, udekorowany świeżą kolendrą lub pietruszką.
m) Do gulaszu dodaj ryż lub ziemniaki i delektuj się aromatycznym i pocieszającym gulaszem z kurczaka Estofado de Pollo.

48. Arroz con Pato/Ryż z Kaczki

SKŁADNIKI:
- 1 cała kaczka, pokrojona na kawałki
- 2 szklanki ryżu długoziarnistego
- 4 szklanki bulionu z kurczaka
- 1 szklanka piwa (najlepiej jasnego lagera)
- 1 pęczek świeżej kolendry, usunąć łodygi
- 1 cebula, posiekana
- 4 ząbki czosnku, posiekane
- 2 łyżki. oleju roślinnego
- 1 łyżeczka. mielonego kminku
- 1 łyżeczka. z papryki
- 1 łyżka. pasta aji amarillo (peruwiańska pasta z żółtego chili) (opcjonalnie)
- Sól i pieprz do smaku
- Pokrojona w plasterki czerwona cebula i cząstki limonki do dekoracji

INSTRUKCJE:

a) W dużym garnku rozgrzej olej roślinny na średnim ogniu.
b) Dodaj posiekaną cebulę i posiekany czosnek i smaż, aż cebula stanie się przezroczysta.
c) Do garnka włóż kawałki kaczki i smaż, aż zrumienią się ze wszystkich stron.
d) Dodaj zmielony kminek, paprykę i pastę aji amarillo (jeśli używasz) i mieszaj, aby przyprawy pokryły kaczkę.
e) Wlać piwo i gotować kilka minut, aby alkohol odparował.
f) Do garnka dodaj bulion z kurczaka i zagotuj. Zmniejsz ogień do małego, przykryj garnek i pozwól kaczce gotować się na wolnym ogniu przez około 1 do 1,5 godziny lub do momentu, aż stanie się miękka. Usuń nadmiar tłuszczu i zanieczyszczeń, które wypłyną na powierzchnię podczas gotowania.
g) Podczas gotowania kaczki zmiksuj kolendrę z odrobiną wody w blenderze lub robocie kuchennym, aż uzyskasz gładkie puree.
h) Gdy kaczka będzie miękka, wyjmij ją z garnka i odłóż na bok. Zarezerwuj płyn do gotowania.
i) W osobnym garnku podgrzej 2 łyżki. oleju roślinnego na średnim ogniu.
j) Dodaj ryż i mieszaj, aby pokrył się olejem.
k) Wlać zarezerwowany płyn z gotowania kaczki wraz z taką ilością wody, aby w sumie uzyskać 4 szklanki płynu (dostosować w razie potrzeby).
l) Dopraw solą i pieprzem do smaku.
m) Dodaj puree z kolendry i zagotuj płyn. Zmniejsz ogień do niskiego, przykryj garnek i pozwól ryżowi gotować się na wolnym ogniu przez około 20-25 minut lub do momentu, aż będzie ugotowany i wchłonięty przez ryż.
n) Podczas gotowania ryżu rozdrobnij ugotowane mięso z kaczki dwoma widelcami lub rękami, usuwając kości i nadmiar tłuszczu.
o) Gdy ryż będzie już ugotowany, spulchnij go widelcem i delikatnie wymieszaj z rozdrobnionym mięsem kaczki.
p) W razie potrzeby dopraw do smaku i pozostaw smaki na kilka minut, aby się przegryzły.
q) Podawaj Arroz con Pato/Ryż z kaczki na gorąco, udekorowany plasterkami czerwonej cebuli i plasterkami limonki z boku.

49.Pollo a la Brasa/kurczak z rożna

SKŁADNIKI:
- 1 cały kurczak, około 3-4 funtów
- 4 ząbki czosnku, posiekane
- 2 łyżki. olej roślinny
- 2 łyżki. sos sojowy
- 2 łyżki. biały ocet
- 1 łyżka. papryka
- 1 łyżka. kminek
- 1 łyżka. suszone oregano
- 1 łyżeczka. czarny pieprz
- 1 łyżeczka. sól
- Sok z 1 limonki
- Grill węglowy lub gazowy

INSTRUKCJE:
a) W misce wymieszaj posiekany czosnek, olej roślinny, sos sojowy, biały ocet, paprykę, kminek, suszone oregano, czarny pieprz, sól i sok z limonki.
b) Dobrze wymieszaj, aby stworzyć marynatę.
c) Umieść całego kurczaka w dużej torbie strunowej lub pojemniku z pokrywką. Zalać marynatą kurczaka, upewniając się, że jest dobrze nią pokryty.
d) Zamknij torebkę lub przykryj pojemnik i wstaw do lodówki na co najmniej 4 godziny, a najlepiej na noc, aby kurczak mógł przeniknąć smakami.
e) Rozgrzej grill na średnio-wysokim ogniu. Jeśli używasz węgla drzewnego, poczekaj, aż węgle będą białe i żarzące się.
f) Wyjmij marynowanego kurczaka z lodówki i pozostaw go w temperaturze pokojowej na około 30 minut przed grillowaniem.
g) Kurczaka ułożyć na grillu piersią do dołu.
h) Gotuj przez około 20-25 minut, następnie obróć kurczaka i smaż przez dodatkowe 20-25 minut. Kontynuuj grillowanie, obracając od czasu do czasu, aż kurczak osiągnie wewnętrzną temperaturę 165°F (75°C), a skóra stanie się złotobrązowa i chrupiąca.
i) Po ugotowaniu zdejmij kurczaka z grilla i odstaw go na kilka minut przed pokrojeniem.
j) Pokrój kurczaka Pollo a la Brasa/Rotisserie na kawałki, takie jak udka, skrzydełka i piersi.
k) Podawaj kurczaka Pollo a la Brasa/Rotisserie na gorąco z wybranymi dodatkami, takimi jak frytki, sałatka lub ryż.

50. Aji de Gallina / Kurczak w Sosie Pieprzowym Aji

SKŁADNIKI:
- 2 funty piersi lub udek z kurczaka bez kości
- 4 szklanki bulionu z kurczaka
- 2 łyżki. olej roślinny
- 1 średnia cebula, posiekana
- 3 ząbki czosnku, posiekane
- 2 żółte papryczki ají (lub zastąpić papryczkami jalapeño), pozbawione nasion i drobno posiekane
- 2 łyżeczki. mielony kminek
- 1 łyżeczka. kurkuma w proszku
- 1 szklanka skondensowanego mleka
- 1 szklanka startego parmezanu
- 1 szklanka posiekanych orzechów włoskich
- 1/2 szklanki czarnych oliwek, pokrojonych w plasterki
- Sól dla smaku
- Świeżo zmielony czarny pieprz do smaku
- Ugotowany biały ryż do podania
- Jajka na twardo, pokrojone w plasterki, do dekoracji
- Świeża pietruszka lub kolendra, posiekana, do dekoracji

INSTRUKCJE:

a) W dużym garnku zagotuj piersi lub uda z kurczaka i bulion z kurczaka.

b) Zmniejsz ogień do małego, przykryj i gotuj na wolnym ogniu przez około 20 minut lub do momentu, aż kurczak będzie całkowicie ugotowany.

c) Wyjmij kurczaka z garnka, zachowując bulion.

d) Pozwól kurczakowi lekko ostygnąć, a następnie pokrój go na kawałki wielkości kęsa. Odłożyć na bok.

e) Na dużej patelni rozgrzej olej roślinny na średnim ogniu.

f) Dodaj posiekaną cebulę i posiekany czosnek i smaż, aż cebula stanie się przezroczysta i pachnąca.

g) Na patelnię dodaj posiekaną papryczkę ají, mielony kminek i kurkumę w proszku.

h) Gotuj przez kilka minut, od czasu do czasu mieszając, aby smaki się połączyły.

i) Wlać zarezerwowany bulion z kurczaka, zagęszczone mleko, starty parmezan i posiekane orzechy włoskie.

j) Dobrze wymieszaj, aby połączyć wszystkie składniki.

k) Doprowadź mieszaninę do wrzenia i gotuj przez około 10 minut lub do momentu, aż sos lekko zgęstnieje.

l) Na patelnię dodaj posiekanego kurczaka i pokrojone w plasterki czarne oliwki.

m) Mieszaj, aby kurczak równomiernie pokrył się sosem.

n) Gotuj przez kolejne 5 minut, pozwalając, aby smaki się połączyły.

o) Dopraw solą i świeżo zmielonym czarnym pieprzem do smaku.

p) Podawaj Aji de Gallina na gorąco z ugotowanym białym ryżem. Udekoruj pokrojonymi w plasterki jajkami na twardo i świeżo posiekaną natką pietruszki lub kolendrą.

51. Causa de Pollo/Chicken Causa

SKŁADNIKI:
WARSTWY ZIEMNIAKÓW
- 2 funty żółtych ziemniaków, obranych i ugotowanych do miękkości
- 1/4 szklanki oleju roślinnego
- 2-3 łyżki. soku z limonki
- 1-2 łyżeczki. żółtej pasty chili (pasta aji amarillo)
- Sól dla smaku

NADZIENIE SAŁATKI Z KURCZAKA
- 2 szklanki gotowanej piersi z kurczaka, posiekanej
- 1/2 szklanki majonezu
- 1 łyżka. soku z limonki
- 1 łyżka. żółtej pasty chili (pasta aji amarillo)
- 1/2 szklanki drobno posiekanej czerwonej cebuli
- 1/4 szklanki drobno posiekanej kolendry
- Sól i pieprz do smaku

MONTAŻ I OZDOBANIE
- Plasterki awokado
- Jajka na twardo, pokrojone w plasterki
- Czarne oliwki
- Liście sałaty
- Dodatkowa żółta pasta chili do dekoracji

INSTRUKCJE:

a) W dużej misce rozgnieć ugotowane żółte ziemniaki za pomocą tłuczka do ziemniaków lub widelca, aż będą gładkie i wolne od grudek.
b) Dodaj olej roślinny, sok z limonki, żółtą pastę chili i sól do puree ziemniaczanego.
c) Dokładnie wymieszaj, aż wszystkie składniki się połączą, a ziemniaki uzyskają gładką, kremową konsystencję. Posmakuj i w razie potrzeby dopraw do smaku.
d) W drugiej misce wymieszaj posiekaną pierś kurczaka, majonez, sok z limonki, pastę z żółtego chili, czerwoną cebulę, kolendrę, sól i pieprz.
e) Dobrze wymieszaj, aby równomiernie pokryć kurczaka dressingiem.
f) Wyłóż prostokątne lub kwadratowe naczynie folią spożywczą, pozostawiając po bokach wystarczającą ilość zwisu, aby ułatwić wyjmowanie.
g) Rozłóż warstwę mieszanki puree ziemniaczanego równomiernie na dnie naczynia, o grubości około 1/2 cala.
h) Dodaj warstwę mieszanki sałatki z kurczakiem na wierzch warstwy ziemniaków, równomiernie ją rozprowadzając.
i) Powtarzaj proces, naprzemiennie układając warstwy puree ziemniaczanego i sałatki z kurczakiem, aż wszystkie składniki zostaną wykorzystane, kończąc na wierzchu warstwą puree ziemniaczanego.
j) Przykryj naczynie wystającą folią i wstaw do lodówki na co najmniej 2 godziny, aby smaki się połączyły i stwardniały.
k) Po schłodzeniu i stężeniu zdejmij folię i ostrożnie odwróć kapustę na talerz.
l) Udekoruj wierzch causa plasterkami awokado, plasterkami jajka na twardo, czarnymi oliwkami i liśćmi sałaty.
m) Dekoracyjnie posmaruj wierzch żółtą pastą chili, aby dodać koloru i smaku.
n) Causa pokroić na pojedyncze porcje i podawać schłodzone.

52.Arroz Chaufa/peruwiański smażony ryż

SKŁADNIKI:
- 3 szklanki ugotowanego białego ryżu, najlepiej jednodniowego i schłodzonego
- 1 szklanka gotowanego kurczaka lub wieprzowiny, pokrojonej w kostkę
- 1 szklanka gotowanych krewetek, obranych i oczyszczonych
- 1/2 szklanki mrożonego groszku i marchewki, rozmrożone
- 1/2 szklanki pokrojonej w kostkę cebuli
- 2 ząbki czosnku, posiekane
- 2 łyżki. sos sojowy
- 1 łyżka. Sos z ostryg
- 1 łyżka. olej sezamowy
- 2 łyżki. olej roślinny
- 2 jajka, lekko ubite
- Sól i pieprz do smaku
- Pokrojona w plasterki zielona cebula, do dekoracji

INSTRUKCJE:
a) Rozgrzej olej roślinny na dużej patelni lub woku na średnim ogniu.
b) Na patelnię wrzucamy pokrojoną w kostkę cebulę oraz przeciśnięty przez praskę czosnek i smażymy kilka minut, aż zaczną wydzielać zapach i lekko zmiękną.
c) Cebulę i czosnek przesunąć na jedną stronę patelni, a na drugą wlać ubite jajka. Jajka roztrzepuj, aż się zetną, a następnie wymieszaj je z cebulą i czosnkiem.
d) Na patelnię dodaj pokrojonego w kostkę kurczaka lub wieprzowinę, ugotowane krewetki, rozmrożony groszek i marchewkę. Smażymy kilka minut, aż składniki się rozgrzeją.
e) Dodaj schłodzony, ugotowany ryż na patelnię i rozbij grudki za pomocą szpatułki. Smażyć ryż z pozostałymi składnikami, równomiernie rozprowadzając je po całym ryżu.
f) Ryż skrop sosem sojowym, sosem ostrygowym i olejem sezamowym. Dobrze wymieszaj, aby połączyć i równomiernie pokryć ryż sosami.
g) Dopraw Arroz Chaufa/peruwiański smażony ryż solą i pieprzem do smaku. Dostosuj ilość przypraw i sosu według własnych upodobań.
h) Kontynuuj smażenie ryżu przez kilka minut, aż będzie dobrze podgrzany, a smaki się połączą.
i) Zdejmij Arroz Chaufa/peruwiański smażony ryż z ognia i udekoruj pokrojoną w plasterki zieloną cebulą.
j) Podawaj Arroz Chaufa/peruwiański smażony ryż na gorąco jako danie główne lub jako dodatek z dodatkowym sosem sojowym lub sosem chili z boku, jeśli chcesz.

53. Arroz con Pollo (peruwiański kurczak i ryż)

SKŁADNIKI:
- 2 szklanki ryżu długoziarnistego
- 4 ćwiartki udek kurczaka ze skórą i kością
- 2 łyżki oleju roślinnego
- 1/2 szklanki pokrojonej w kostkę czerwonej papryki
- 1/2 szklanki pokrojonej w kostkę zielonej papryki
- 1/2 szklanki pokrojonej w kostkę czerwonej cebuli
- 2 ząbki czosnku, posiekane
- 2 łyżki pasty aji amarillo (peruwiańska żółta pasta chili)
- 2 szklanki bulionu z kurczaka
- 1/2 szklanki mrożonego groszku
- 1/2 szklanki pokrojonej w kostkę marchewki
- 1/2 szklanki pokrojonej w kostkę zielonej fasolki
- 1/4 szklanki świeżej kolendry, posiekanej
- Sól i pieprz do smaku

INSTRUKCJE:
a) W dużym garnku rozgrzej olej roślinny i obsmaż ćwiartki udek kurczaka ze wszystkich stron. Usuń i odłóż na bok.
b) W tym samym garnku podsmaż pokrojoną w kostkę czerwoną i zieloną paprykę, pokrojoną w kostkę czerwoną cebulę i posiekany czosnek, aż zmiękną.
c) Dodaj pastę aji amarillo i gotuj przez kilka minut.
d) Włóż kurczaka z powrotem do garnka, dodaj ryż i zalej bulionem. Doprawić solą i pieprzem.
e) Dodaj mrożony groszek, pokrojoną w kostkę marchewkę i pokrojoną w kostkę fasolkę szparagową. Dobrze wymieszaj.
f) Przykryj i gotuj na wolnym ogniu, aż kurczak będzie ugotowany, a ryż miękki.
g) Przed podaniem udekoruj świeżą kolendrą.

54. Papa a la Huancaína con Pollo

SKŁADNIKI:
NA SOS HUANCAÍNA:
- 2 papryczki aji amarillo, pozbawione nasion i pozbawione żyłek
- 2 ząbki czosnku, posiekane
- 1 szklanka queso fresco (peruwiański świeży ser)
- 1/2 szklanki skondensowanego mleka
- 4 krakersy sodowe
- 2 łyżki oleju roślinnego
- Sól i pieprz do smaku

DLA KURCZAKA:
- 4 piersi z kurczaka bez kości i skóry
- 1/4 szklanki oleju roślinnego
- Sól i pieprz do smaku

DO ZIEMNIAKÓW:
- 4 duże żółte ziemniaki, ugotowane i pokrojone w plasterki
- Liście sałaty do podania
- Czarne oliwki do dekoracji
- Jajka na twardo, pokrojone w plasterki

INSTRUKCJE:
a) W blenderze połącz papryczki aji amarillo, zmielony czosnek, fresk queso, mleko zagęszczone, krakersy sodowe, olej roślinny, sól i pieprz. Mieszaj, aż uzyskasz kremowy sos Huancaína.
b) Doprawić piersi kurczaka solą i pieprzem, następnie grillować lub smażyć na patelni, aż będą ugotowane.
c) Podawaj kurczaka na liściach sałaty, posyp plasterkami gotowanych ziemniaków i polej kurczaka i ziemniaki sosem Huancaína.
d) Udekoruj plasterkami jajka na twardo i czarnymi oliwkami.

55. Aguadito de Pollo (peruwiańska zupa z kurczakiem i ryżem)

SKŁADNIKI:
- 4 udka z kością i skórą
- 1 szklanka ryżu długoziarnistego
- 8 szklanek bulionu z kurczaka
- 1/2 szklanki zielonego groszku
- 1/2 szklanki ziaren kukurydzy (świeżych lub mrożonych)
- 1/2 szklanki posiekanej kolendry
- 1/2 szklanki pokrojonej w kostkę czerwonej cebuli
- 2 ząbki czosnku, posiekane
- 1 papryczka aji amarillo, pozbawiona nasion i drobno posiekana (opcjonalnie do podgrzania)
- 2 łyżki oleju roślinnego
- Sól i pieprz do smaku
- Kawałki limonki do podania

INSTRUKCJE:
a) W dużym garnku rozgrzej olej roślinny na średnim ogniu.
b) Dodaj udka z kurczaka i obsmaż je z obu stron.
c) Dodaj pokrojoną w kostkę czerwoną cebulę, posiekany czosnek i aji amarillo (jeśli używasz) i smaż, aż cebula będzie miękka.
d) Wsypać ryż i gotować kilka minut.
e) Wlać bulion z kurczaka i doprowadzić do wrzenia.
f) Zmniejsz ogień do wrzenia i dodaj zielony groszek, kukurydzę i posiekaną kolendrę.
g) Gotuj, aż ryż się ugotuje, a zupa lekko zgęstnieje.
h) Podawać z cząstkami limonki do wyciśnięcia zupy.

56.Kurczak i Ziemniaki Pachamanka

SKŁADNIKI:

- 4 kawałki kurczaka ze skórą, z kością
- 4 duże żółte ziemniaki, obrane i przekrojone na połówki
- 2 szklanki fasoli lima, łuskanej
- 4 kłosy kukurydzy, obrane i pokrojone w krążki
- 1/2 szklanki pasty aji panca (peruwiańska czerwona pasta chili)
- 1/2 szklanki chicha de jora (peruwiańskie fermentowane piwo kukurydziane)
- 1/4 szklanki oleju roślinnego
- 2 łyżki zmiażdżonego czosnku
- 2 łyżki mielonego kminku
- 2 łyżki suszonego oregano
- Liście bananowca
- Sól i pieprz do smaku

INSTRUKCJE:

a) W dużej misce wymieszaj pastę aji panca, chicha de jora, olej roślinny, zmiażdżony czosnek, mielony kminek, suszone oregano, sól i pieprz, aby przygotować marynatę.
b) Natrzyj kawałki kurczaka i ziemniaki marynatą i odstaw na około 1 godzinę.
c) Liście bananowca układamy na dnie podziemnego piekarnika lub dużego naczynia do pieczenia.
d) Na liściach bananowca ułóż warstwami marynowanego kurczaka, ziemniaki, fasolę lima i krążki kukurydzy.
e) Przykryj większą ilością liści bananów.
f) Piec w piekarniku podziemnym lub w zwykłym piekarniku w niskiej temperaturze (około 150°C) przez kilka godzin, aż wszystko będzie ugotowane i miękkie.
g) Podawać na gorąco.

57. Aji de Pollo (kurczak w pikantnym sosie Aji)

SKŁADNIKI:
- 4 piersi z kurczaka bez kości i skóry, pokrojone w paski
- 1/2 szklanki sosu aji amarillo (peruwiański żółty sos chili)
- 2 łyżki oleju roślinnego
- 1 czerwona cebula, pokrojona w cienkie plasterki
- 2 ząbki czosnku, posiekane
- 2 szklanki bulionu z kurczaka
- 2 łyżki orzeszków ziemnych, uprażonych i zmielonych
- 1/2 szklanki queso fresco (peruwiańskiego świeżego sera), pokruszonego
- 4 szklanki ugotowanego białego ryżu
- Sól i pieprz do smaku

INSTRUKCJE:
a) Na dużej patelni rozgrzej olej roślinny na średnim ogniu.
b) Dodać pokrojoną w plasterki czerwoną cebulę i posiekany czosnek. Smaż, aż cebula będzie miękka.
c) Dodaj paski kurczaka i smaż, aż się zarumienią.
d) Wymieszaj sos aji amarillo i bulion z kurczaka. Gotuj, aż kurczak będzie ugotowany, a sos zgęstnieje.
e) Dopraw solą i pieprzem do smaku.
f) Podawaj Aji de Pollo z ugotowanym białym ryżem, udekorowanym mielonymi orzeszkami ziemnymi i pokruszonym freskiem queso.

58.Quinotto con Pollo (risotto z kurczakiem i komosą ryżową)

SKŁADNIKI:
- 2 piersi z kurczaka bez kości i skóry, pokrojone w kostkę
- 1 szklanka komosy ryżowej
- 2 szklanki bulionu z kurczaka
- 1/2 szklanki białego wina
- 1/2 szklanki startego parmezanu
- 1/4 szklanki posiekanej świeżej kolendry
- 1/4 szklanki pokrojonej w kostkę czerwonej papryki
- 1/4 szklanki pokrojonego w kostkę zielonego groszku
- 2 łyżki oleju roślinnego
- Sól i pieprz do smaku

INSTRUKCJE:
a) Na dużej patelni rozgrzej olej roślinny i smaż kostki kurczaka, aż się zarumienią i będą ugotowane. Zdejmij z patelni i odłóż na bok.
b) Na tę samą patelnię dodaj quinoę i praż przez kilka minut.
c) Wlać białe wino i gotować na wolnym ogniu, aż zostanie w całości wchłonięte.
d) Stopniowo dodawaj bulion z kurczaka, mieszając, aż komosa ryżowa będzie ugotowana i kremowa.
e) Wymieszać z tartym parmezanem, posiekaną kolendrą, pokrojoną w kostkę czerwoną papryką i pokrojonym w kostkę zielonym groszkiem.
f) Doprawić solą i pieprzem.
g) Podawaj Quinotto z ugotowanym kurczakiem na wierzchu.

ŚWINKA MORSKA

59. Picante de Cuy/gulasz ze świnki morskiej

SKŁADNIKI:
- 2 świnki morskie, oczyszczone i pokrojone na kawałki
- 1 szklanka pasty aji panca (peruwiańska pasta z czerwonego chili)
- 1/2 szklanki oleju roślinnego
- 2 cebule, drobno posiekane
- 4 ząbki czosnku, posiekane
- 2 łyżki. mielonego kminku
- 2 łyżki. suszonego oregano
- 2 szklanki bulionu drobiowego lub warzywnego
- 4 ziemniaki, obrane i pokrojone na kawałki
- 2 marchewki, obrane i pokrojone w plasterki
- 1 szklanka zielonego groszku (świeżego lub mrożonego)
- Sól i pieprz do smaku
- Świeża kolendra do dekoracji
- Ugotowany biały ryż do podania

INSTRUKCJE:

a) W dużej misce zamarynuj kawałki świnki morskiej w paście aji panca, upewniając się, że są równomiernie nią pokryte. Pozostawiamy do marynowania na co najmniej 30 minut, a najlepiej na całą noc w lodówce.
b) W dużym garnku lub piekarniku holenderskim rozgrzej olej roślinny na średnim ogniu.
c) Do garnka dodaj posiekaną cebulę i posiekany czosnek i smaż, aż cebula stanie się przezroczysta, a czosnek zacznie pachnieć.
d) Dodaj mielony kminek i suszone oregano i gotuj przez minutę, aby uwolnić ich aromat.
e) Do garnka włóż marynowane kawałki świnki morskiej i smaż je ze wszystkich stron przez kilka minut.
f) Zalewamy bulionem drobiowym lub warzywnym, doprawiamy solą i pieprzem do smaku.
g) Przykryj garnek i pozwól śwince morskiej dusić się na małym ogniu przez około 1 do 1,5 godziny lub do momentu, aż mięso będzie miękkie i ugotowane. Mieszaj od czasu do czasu i w razie potrzeby dodaj więcej bulionu.
h) W osobnym garnku gotujemy ziemniaki i marchewkę w osolonej wodzie do miękkości. Odcedź i odłóż na bok.
i) Gdy świnka morska będzie już ugotowana, dodaj do garnka ugotowane ziemniaki, marchewkę i zielony groszek. Mieszaj delikatnie do połączenia.
j) Kontynuuj gotowanie przez kolejne 10 minut, pozwalając, aby smaki się połączyły.
k) Zdejmij garnek z ognia i odstaw na kilka minut przed podaniem.
l) Podawać gulasz z Picante de Cuy/świnki morskiej na gorąco udekorowany świeżą kolendrą.
m) Podawaj z ugotowanym białym ryżem.

60.Cuy Chactado (smażona świnka morska)

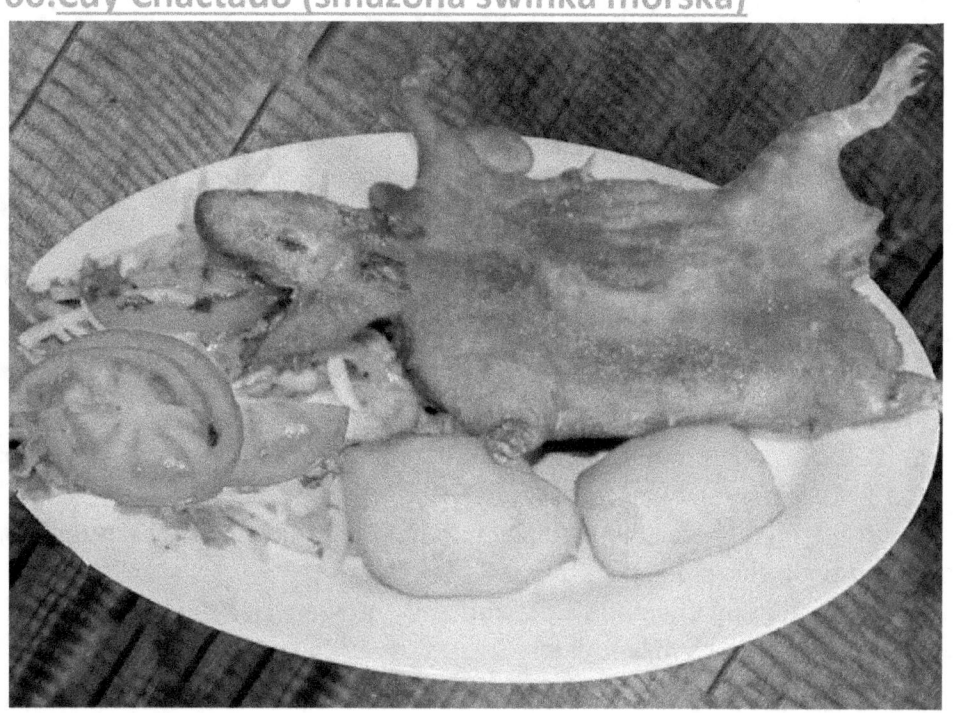

SKŁADNIKI:
- 2 świnki morskie, ubrane i pokrojone na kawałki
- 1 szklanka sosu aji amarillo (peruwiański żółty sos chili)
- 1 szklanka oleju roślinnego
- 1 szklanka skrobi kukurydzianej
- 1 szklanka gotowanych żółtych ziemniaków, pokrojona w plasterki
- Liście sałaty do podania
- Kawałki limonki do dekoracji
- Sól i pieprz do smaku

INSTRUKCJE:
a) Kawałki świnki morskiej doprawiamy solą i pieprzem.
b) Obtocz każdy kawałek w sosie aji amarillo, a następnie w skrobi kukurydzianej, aby go pokryć.
c) Rozgrzej olej roślinny na dużej patelni i smaż kawałki świnki morskiej, aż będą chrupiące i ugotowane.
d) Podawaj Cuy Chactado z plasterkami gotowanych ziemniaków, liśćmi sałaty i cząstkami limonki.

61.Pachamanca de Cuy (świnka morska pieczona w podziemnym piekarniku)

SKŁADNIKI:

- 2 ubrane i wyczyszczone świnki morskie
- 4 duże ziemniaki, obrane i przekrojone na pół
- 2 szklanki fasoli lima, łuskanej
- 4 kłosy kukurydzy, obrane i pokrojone w krążki
- 1/2 szklanki pasty aji panca (peruwiańska czerwona pasta chili)
- 1/2 szklanki chicha de jora (peruwiańskie fermentowane piwo kukurydziane)
- 1/4 szklanki oleju roślinnego
- 2 łyżki zmiażdżonego czosnku
- 2 łyżki mielonego kminku
- 2 łyżki suszonego oregano
- Liście bananowca
- Sól i pieprz do smaku

INSTRUKCJE:

a) W dużej misce wymieszaj pastę aji panca, chicha de jora, olej roślinny, zmiażdżony czosnek, mielony kminek, suszone oregano, sól i pieprz, aby przygotować marynatę.
b) Natrzeć świnki morskie marynatą i odstawić na około 1 godzinę.
c) Liście bananowca układamy na dnie podziemnego piekarnika lub dużego naczynia do pieczenia.
d) Na liściach bananowca ułóż marynowane świnki morskie, ziemniaki, fasolę lima i krążki kukurydzy.
e) Przykryj większą ilością liści bananów.
f) Piec w piekarniku podziemnym lub w zwykłym piekarniku w niskiej temperaturze (około 150°C) przez kilka godzin, aż wszystko będzie ugotowane i miękkie.
g) Podawać na gorąco.

62. Cuy al Horno (pieczona świnka morska)

SKŁADNIKI:

- 2 ubrane i wyczyszczone świnki morskie
- 2 łyżki pasty aji panca (peruwiańska pasta z czerwonego chili)
- 1/4 szklanki oleju roślinnego
- 2 ząbki czosnku, posiekane
- 1/4 szklanki białego wina
- 2 łyżeczki mielonego kminku
- 2 łyżeczki suszonego oregano
- Sól i pieprz do smaku

INSTRUKCJE:

a) W misce wymieszaj pastę aji panca, olej roślinny, zmielony czosnek, białe wino, mielony kminek, suszone oregano, sól i pieprz, aby stworzyć marynatę.

b) Natrzyj świnki morskie marynatą, upewniając się, że są dobrze nią pokryte. Pozwól im marynować przez co najmniej 2 godziny.

c) Rozgrzej piekarnik do 175°C (350°F).

d) Marynowane świnki morskie włóż do brytfanny i piecz w nagrzanym piekarniku przez około 1 do 1,5 godziny lub do momentu, aż będą całkowicie ugotowane i będą miały chrupiącą skórkę.

e) Podawaj Cuy al Horno z wybranymi peruwiańskimi dodatkami.

63. Cuy con Papa a la Huancaina

SKŁADNIKI:
DLA ŚWINKI MORSKIEJ:
- 2 ubrane i wyczyszczone świnki morskie
- 1/4 szklanki pasty aji panca (peruwiańska pasta z czerwonego chili)
- 2 łyżki oleju roślinnego
- 2 ząbki czosnku, posiekane
- 1/4 szklanki białego wina
- 2 łyżeczki mielonego kminku
- 2 łyżeczki suszonego oregano
- Sól i pieprz do smaku

DLA ZIEMNIAKÓW HUANCAINA:
- 4 żółte ziemniaki, ugotowane i pokrojone w plasterki
- 1 szklanka queso fresco (peruwiański świeży ser)
- 1/2 szklanki sosu aji amarillo (peruwiański żółty sos chili)
- 1/4 szklanki skondensowanego mleka
- 2 łyżki oleju roślinnego
- Sól i pieprz do smaku

INSTRUKCJE:
a) W misce wymieszaj pastę aji panca, olej roślinny, zmielony czosnek, białe wino, mielony kminek, suszone oregano, sól i pieprz, aby przygotować marynatę dla świnek morskich.
b) Natrzyj świnki morskie marynatą, upewniając się, że są dobrze nią pokryte. Pozwól im marynować przez co najmniej 2 godziny.
c) Rozgrzej piekarnik do 175°C (350°F).
d) Marynowane świnki morskie włóż do brytfanny i piecz w nagrzanym piekarniku przez około 1 do 1,5 godziny lub do momentu, aż będą całkowicie ugotowane i będą miały chrupiącą skórkę.
e) Aby przygotować ziemniaki Huancaina, wymieszaj fresk queso, sos aji amarillo, mleko zagęszczone, olej roślinny, sól i pieprz, aż uzyskasz kremowy sos.
f) Podawaj pieczone świnki morskie z gotowanymi plasterkami ziemniaków skropionymi sosem Huancaina.

64. Cuy Saltado (smażona świnka morska)

SKŁADNIKI:
- 2 ubrane i oczyszczone świnki morskie, pokrojone na kawałki
- 2 łyżki oleju roślinnego
- 1 czerwona cebula, pokrojona w cienkie plasterki
- 1 czerwona papryka, pokrojona w plasterki
- 2 pomidory, pokrojone w plasterki
- 2 ząbki czosnku, posiekane
- 1/4 szklanki pasty aji amarillo (peruwiańska żółta pasta chili)
- 2 łyżki sosu sojowego
- 2 łyżki czerwonego octu winnego
- Sól i pieprz do smaku

INSTRUKCJE:
a) Rozgrzej olej roślinny na dużej patelni lub w woku na dużym ogniu.
b) Dodaj kawałki świnki morskiej i smaż mieszając, aż się zarumienią i będą ugotowane. Zdejmij z patelni i odłóż na bok.
c) Na tej samej patelni dodaj pokrojoną w plasterki czerwoną cebulę, czerwoną paprykę i posiekany czosnek. Smażyć, aż warzywa będą miękkie.
d) Umieść kawałki świnki morskiej na patelni, dodaj pokrojone pomidory, pastę aji amarillo, sos sojowy i ocet winny. Gotuj przez kilka minut.
e) Dopraw solą i pieprzem do smaku.
f) Podawaj Cuy Saltado z gotowanym na parze białym ryżem.

65. Cuy en Salsa de Mani (świnka morska w sosie orzechowym)

SKŁADNIKI:

- 2 ubrane i oczyszczone świnki morskie, pokrojone na kawałki
- 1/2 szklanki pasty aji panca (peruwiańska czerwona pasta chili)
- 1/2 szklanki oleju roślinnego
- 2 cebule, drobno posiekane
- 4 ząbki czosnku, posiekane
- 1 szklanka prażonych orzeszków ziemnych, zmielonych
- 2 szklanki bulionu z kurczaka
- 1/4 szklanki skondensowanego mleka
- Sól i pieprz do smaku

INSTRUKCJE:

a) W misce wymieszaj pastę aji panca, olej roślinny, drobno posiekaną cebulę, posiekany czosnek i zmielone prażone orzeszki ziemne, aby przygotować marynatę dla świnek morskich.

b) Natrzyj kawałki świnki morskiej marynatą, upewniając się, że są dobrze nią pokryte. Pozwól im marynować przez co najmniej 2 godziny.

c) Podgrzej duży garnek na średnim ogniu. Dodaj marynowane kawałki świnki morskiej i smaż, aż zarumienią się ze wszystkich stron.

d) Wlać bulion z kurczaka i skondensowane mleko. Gotuj, aż świnki morskie będą ugotowane, a sos zgęstnieje.

e) Dopraw solą i pieprzem do smaku.

f) Podawaj Cuy en Salsa de Mani z białym ryżem gotowanym na parze.

RYBY I OWOCE MORZA

66. Trucha a la Plancha/Grillowany Pstrąg

SKŁADNIKI:
- 4 filety z pstrąga ze skórą
- 2 łyżki. oleju roślinnego
- Sok z 1 cytryny
- Sól i pieprz do smaku
- Świeże zioła (np. pietruszka lub kolendra), posiekane (opcjonalnie)
- Kawałki cytryny do podania

INSTRUKCJE:
a) Rozgrzej grill lub rozgrzej dużą patelnię na średnim ogniu.
b) Filety z pstrąga opłukać pod zimną wodą i osuszyć papierowymi ręcznikami.
c) Posmaruj obie strony filetów z pstrąga olejem roślinnym, upewniając się, że są równomiernie nim pokryte.
d) Filety doprawić z obu stron solą, pieprzem i skropić sokiem z cytryny.
e) Filety z pstrąga ułożyć skórą do dołu na grillu lub patelni.
f) Smaż przez około 3-4 minuty z każdej strony lub do czasu, aż ryba stanie się nieprzezroczysta i będzie można ją łatwo rozdrobnić widelcem. Skórka powinna być chrupiąca i złocistobrązowa.
g) Zdejmij filety z pstrąga z ognia i przełóż je na półmisek.
h) Posyp filety świeżymi ziołami (jeśli używasz), aby dodać smaku i dekoracji.
i) Podawaj Truchę a la Plancha/grillowanego pstrąga na gorąco w towarzystwie kawałków cytryny do wyciśnięcia ryby.
j) Można go podawać z warzywami gotowanymi na parze, ryżem lub sałatką jako uzupełnienie posiłku.

67. Zupa Parihuela/Owoce Morza

SKŁADNIKI:
- 1,1 funta mieszanych owoców morza (krewetki, kalmary, małże, ośmiornice itp.)
- 1,1 funta filetów z białej ryby (takich jak sola, lucjan lub dorsz)
- 1 cebula, drobno posiekana
- 4 ząbki czosnku, posiekane
- 2 pomidory, obrane i pokrojone
- 2 łyżki. pasty pomidorowej
- 2 łyżki. oleju roślinnego
- 1 łyżka. pasta aji amarillo (peruwiańska pasta z żółtego chili) (opcjonalnie)
- 4 szklanki bulionu rybnego lub owocowego
- 1 szklanka białego wina
- 1 szklanka wody
- 1 łyżeczka. mielonego kminku
- 1 łyżeczka. suszonego oregano
- 1/4 szklanki posiekanej kolendry
- Sól i pieprz do smaku

INSTRUKCJE:

a) Rozgrzej olej roślinny w dużym garnku lub holenderskim piekarniku na średnim ogniu.

b) Dodaj posiekaną cebulę i posiekany czosnek do garnka i smaż, aż staną się półprzezroczyste.

c) Wymieszać z pokrojonymi pomidorami i koncentratem pomidorowym.

d) Gotuj kilka minut, aż pomidory zmiękną.

e) Jeśli używasz pasty aji amarillo, dodaj ją do garnka i dobrze wymieszaj z pozostałymi składnikami.

f) Dolewamy białe wino i gotujemy kilka minut, żeby zredukować zawartość alkoholu.

g) Do garnka dodać bulion rybny lub owocowy i wodę. Doprowadź do wrzenia.

h) Filety rybne pokroić na kawałki wielkości kęsa i dodać do garnka.

i) Zmniejsz ogień do małego i gotuj zupę przez około 10 minut lub do momentu, aż ryba będzie ugotowana.

j) Dodaj mieszane owoce morza (krewetki, kalmary, małże, ośmiornice itp.) do garnka i gotuj przez kolejne 5 minut lub do momentu, aż owoce morza będą ugotowane i miękkie.

k) Dopraw zupę Parihuela/owoce morza mielonym kminkiem, suszonym oregano, solą i pieprzem. Dopraw przyprawę według własnego gustu.

l) Posyp zupę posiekaną kolendrą i delikatnie wymieszaj.

m) Zdejmij garnek z ognia i odstaw na kilka minut przed podaniem.

n) Podawaj gorącą zupę Parihuela/owoce morza w zupach z chrupiącym pieczywem lub ugotowanym ryżem.

68. Surowa ryba marynowana w limonce (Cebiche)

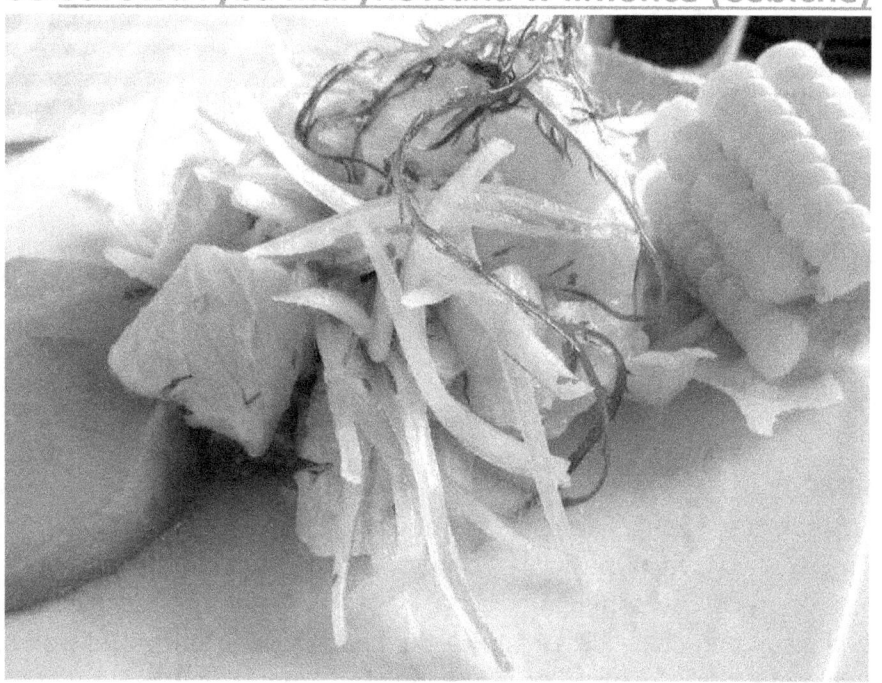

SKŁADNIKI:
- 1 ½ funta okoń morski, halibut, flądra, lucjan lub inna twarda ryba
- 1 czerwona cebula, pokrojona w cienkie plasterki
- ½ aji amarillo papryczka chili, bardzo drobno posiekana
- Sól
- 1 ząbek czosnku, bardzo drobno posiekany Sok z 12 limonek
- 2 łyżki stołowe. liście kolendry, pokrojone w plasterki
- 1 duży słodki ziemniak, ugotowany, obrany i pokrojony w grube plasterki
- 12 kolb kukurydzy, pokrojonych w plasterki o grubości około 12 cali, ugotowanych
- Liście sałaty

INSTRUKCJE:
a) Połącz rybę z cebulą i umyj je razem. Dobrze odcedź.
b) Umieść rybę w misce, której chcesz użyć. Rybę doprawiamy solą, papryczką chili i czosnkiem.
c) Dodaj sok z limonki i kilka kostek lodu lub kilka łyżek lodowatej wody.
d) Odstawiamy na 5 minut, ale nie dłużej niż 45 minut. Wyrzuć lód.
e) Posypać liśćmi kolendry. Podawać od razu z sałatą, kukurydzą i słodkimi ziemniakami.

69. Causa Rellena de Atún (Causa Nadziewany Tuńczykiem)

SKŁADNIKI:

DLA PRZYCZYNY:
- 4 duże żółte ziemniaki
- 2 łyżki oleju roślinnego
- 1/4 szklanki soku z limonki
- 1 łyżeczka pasty aji amarillo
- Sól i pieprz do smaku

NA NADZIENIE Z TUŃCZYKA:
- 1 puszka tuńczyka, odsączona
- 1/4 szklanki majonezu
- 1/4 szklanki drobno posiekanej czerwonej cebuli
- 2 jajka na twardo, posiekane
- Czarne oliwki do dekoracji
- Liście sałaty (opcjonalnie)

INSTRUKCJE:
a) Gotuj ziemniaki, aż będą miękkie i można je łatwo rozgnieść.
b) Obierz i rozgnieć ziemniaki, gdy są jeszcze ciepłe. Dodaj sok z limonki, olej roślinny, pastę aji amarillo, sól i pieprz. Dobrze wymieszaj, aby powstało gładkie ciasto ziemniaczane.
c) Ciasto ziemniaczane podzielić na dwie równe części.
d) Spłaszcz jedną porcję w naczyniu do serwowania, tworząc warstwę bazową.
e) W osobnej misce wymieszaj odsączonego tuńczyka, majonez, posiekaną czerwoną cebulę i jajka na twardo.
f) Rozłóż mieszaninę tuńczyka na warstwie bazowej ziemniaków.
g) Przykryć drugą porcją ciasta ziemniaczanego.
h) Udekoruj czarnymi oliwkami.
i) Podawać schłodzone, opcjonalnie na liściach sałaty.

70.Chupe de Camarones/zupa z krewetek

SKŁADNIKI:

- 1 funt krewetek, obranych i oczyszczonych
- 1 łyżka. Oliwa z oliwek
- 1 cebula, drobno posiekana
- 3 ząbki czosnku, posiekane
- 1 łyżeczka. mielony kminek
- 1 łyżeczka. suszone oregano
- 2 łyżki. pasta ají amarillo (lub zastąp ją żółtą pastą chili)
- 2 szklanki bulionu rybnego lub warzywnego
- 1 szklanka skondensowanego mleka
- 1 szklanka mrożonych ziaren kukurydzy
- 1 szklanka pokrojonych w kostkę ziemniaków
- 1 szklanka pokrojonej w kostkę marchewki
- 1 szklanka pokrojonej w kostkę cukinii
- 1/2 szklanki groszku
- 1/2 szklanki pokrojonej w kostkę czerwonej papryki
- 1/2 szklanki pokrojonej w kostkę zielonej papryki
- 1/4 szklanki posiekanej świeżej kolendry
- Sól i pieprz do smaku
- 2 jajka, ubite
- Świeży ser, pokruszony, do dekoracji
- Świeża kolendra, posiekana, do dekoracji

INSTRUKCJE:
a) W dużym garnku rozgrzej oliwę z oliwek na średnim ogniu.
b) Dodać posiekaną cebulę i posiekany czosnek. Smażyć, aż cebula stanie się przezroczysta, a czosnek zacznie pachnieć.
c) Do garnka dodaj zmielony kminek, suszone oregano i pastę ají amarillo. Dobrze wymieszaj, aby połączyć i gotuj przez dodatkową minutę, aby uwolnić smaki.
d) Dodać bulion rybny lub warzywny i doprowadzić do wrzenia. Zmniejsz ogień do małego i gotuj na wolnym ogniu przez około 10 minut, aby smaki się połączyły.
e) Do garnka dodaj zagęszczone mleko, mrożone ziarna kukurydzy, pokrojone w kostkę ziemniaki, marchewkę, cukinię, groszek, czerwoną paprykę, zieloną paprykę i posiekaną kolendrę. Dobrze wymieszaj i dopraw solą i pieprzem do smaku.
f) Gotuj mieszaninę przez około 15 minut lub do momentu, aż warzywa będą miękkie.
g) W międzyczasie na osobnej patelni podsmaż krewetki na odrobinie oliwy z oliwek, aż zmienią kolor na różowy i będą ugotowane. Odłożyć na bok.
h) Gdy warzywa będą już miękkie, powoli wlewaj do garnka ubite jajka, cały czas mieszając. Spowoduje to utworzenie wstęg gotowanego jajka w całej zupie.
i) Dodaj ugotowane krewetki do garnka i delikatnie wymieszaj, aby połączyć. Gotuj zupę jeszcze przez 5 minut, aby smaki się połączyły.
j) Podawaj Chupe de Camarones/Shrimp Chowder na gorąco, udekorowane pokruszonym świeżym serem i posiekaną świeżą kolendrą.

71.Chupe de Pescado/zupa rybna

SKŁADNIKI:
- 1 funt filetów z białej ryby (takich jak lucjan, dorsz lub tilapia), pokrojonych na kawałki wielkości kęsa
- 1 cebula, drobno posiekana
- 3 ząbki czosnku, posiekane
- 2 łyżki. oleju roślinnego
- 2 łyżki. pasty ají amarillo (peruwiańska żółta pasta chili) lub zastąpić ją puree z żółtej papryki
- 2 szklanki bulionu rybnego lub owocowego
- 2 szklanki wody
- 2 średnie ziemniaki, obrane i pokrojone w kostkę
- 1 szklanka mrożonych ziaren kukurydzy
- 1 szklanka skondensowanego mleka
- 1 szklanka świeżego lub mrożonego groszku
- 1 szklanka startego sera (takiego jak mozzarella lub cheddar)
- 2 łyżki. posiekanej świeżej kolendry
- Sól i pieprz do smaku
- Kawałki limonki do podania

INSTRUKCJE:

a) W dużym garnku rozgrzej olej roślinny na średnim ogniu.
b) Dodaj posiekaną cebulę i posiekany czosnek i smaż, aż cebula stanie się przezroczysta, a czosnek zacznie pachnieć.
c) Dodaj pastę ají amarillo lub puree z żółtej papryki i gotuj przez minutę, aby połączyć smaki.
d) Do garnka dodaj bulion rybny lub owocowy oraz wodę i zagotuj mieszaninę.
e) Dodaj pokrojone w kostkę ziemniaki do garnka, zmniejsz ogień do średnio-niskiego i gotuj na wolnym ogniu przez około 10 minut lub do momentu, aż ziemniaki będą częściowo ugotowane.
f) Wymieszaj filety rybne i mrożone ziarna kukurydzy. Gotuj na wolnym ogniu przez kolejne 5-7 minut, aż ryba będzie ugotowana, a kukurydza miękka.
g) Wlać skondensowane mleko i dodać groszek. Dobrze wymieszaj, aby połączyć.
h) Dopraw Chupe de Pescado/Zupę Rybną do smaku solą i pieprzem. Dostosuj przyprawę według potrzeb.
i) Wierzch zupy posypujemy startym serem. Przykryj garnek i gotuj na wolnym ogniu przez dodatkowe 5 minut lub do momentu, aż ser się roztopi, a smaki dobrze się połączą.
j) Zdejmij garnek z ognia i posyp zupę posiekaną kolendrą.
k) Podawaj Chupe de Pescado/zupę rybną na gorąco z kawałkami limonki na boku, aby wycisnąć je z zupy.
l) Zupę rybną/Chupe de Pescado możesz zjeść samodzielnie lub podać z chrupiącym pieczywem lub ryżem.

72. Arroz con Mariscos / ryż z owocami morza

SKŁADNIKI:
- 2 szklanki białego ryżu długoziarnistego
- 1 funt mieszanych owoców morza (takich jak krewetki, kalmary, małże i przegrzebki), oczyszczonych i oczyszczonych
- 2 łyżki. olej roślinny
- 1 cebula, drobno posiekana
- 4 ząbki czosnku, posiekane
- 1 czerwona papryka, pokrojona w kostkę
- 1 szklanka pokrojonych w kostkę pomidorów (świeżych lub z puszki)
- 1 łyżka. koncentrat pomidorowy
- 1 szklanka bulionu rybnego lub owocowego
- 1 szklanka białego wina (opcjonalnie)
- 1 łyżeczka. mielony kminek
- 1 łyżeczka. papryka
- 1/2 łyżeczki suszone oregano
- 1/4 łyżeczki pieprz cayenne (opcjonalnie, na ciepło)
- 1/4 szklanki posiekanej świeżej kolendry
- 1/4 szklanki posiekanej świeżej pietruszki
- Sok z 1 limonki
- Sól dla smaku
- Pieprz do smaku

INSTRUKCJE:
a) Opłucz ryż pod zimną wodą, aż woda będzie czysta.
b) Ugotuj ryż zgodnie z instrukcją na opakowaniu i odłóż na bok.
c) Na dużej patelni lub patelni do paelli rozgrzej olej roślinny na średnim ogniu.
d) Dodajemy posiekaną cebulę, przeciśnięty przez praskę czosnek i pokrojoną w kostkę czerwoną paprykę.
e) Smaż, aż warzywa będą miękkie i pachnące.
f) Dodaj mieszane owoce morza na patelnię i gotuj, aż będą częściowo ugotowane, około 3-4 minuty.
g) Wyjmij kilka kawałków owoców morza i odłóż je na bok do późniejszego udekorowania, jeśli zajdzie taka potrzeba.
h) Wymieszaj pokrojone w kostkę pomidory, koncentrat pomidorowy, bulion rybny lub z owoców morza i białe wino (jeśli używasz).
i) Doprowadź mieszaninę do wrzenia i gotuj przez około 5 minut, aby smaki się połączyły.
j) Dodać mielony kminek, paprykę, suszone oregano i pieprz cayenne (jeśli używasz). Mieszaj do połączenia.
k) Dodać ugotowany ryż i delikatnie wymieszać z owocami morza i sosem, aż składniki dobrze się połączą.
l) Gotuj jeszcze przez 5 minut, żeby smaki się połączyły.
m) Zdejmij patelnię z ognia i dodaj posiekaną kolendrę, posiekaną natkę pietruszki i sok z limonki.
n) Dopraw solą i pieprzem do smaku.
o) Udekoruj Arroz con Mariscos/ryż z owocami morza zarezerwowanymi gotowanymi owocami morza i dodatkowymi świeżymi ziołami, jeśli chcesz.
p) Podawaj gorący ryż Arroz con Mariscos/Seafood Rice z dodatkiem plasterków limonki i posypką świeżej kolendry lub pietruszki.

73. Escabeche de Pescado/marynowana ryba

SKŁADNIKI:
- 1 ½ funta filetów z białej ryby (takich jak lucjan, tilapia lub dorsz)
- ½ szklanki mąki uniwersalnej
- Sól i pieprz do smaku
- Olej roślinny do smażenia
- 1 czerwona cebula, pokrojona w cienkie plasterki
- 2 marchewki, pokrojone w julienne
- 1 czerwona papryka, pokrojona w cienkie plasterki
- 4 ząbki czosnku, posiekane
- 1 szklanka białego octu
- 1 szklanka wody
- 2 liście laurowe
- 1 łyżeczka. suszonego oregano
- 1 łyżeczka. mielonego kminku
- ½ łyżeczki z papryki
- Sól i pieprz do smaku
- Świeża kolendra lub natka pietruszki do dekoracji

INSTRUKCJE:

a) Filety rybne doprawiamy solą i pieprzem. Obtocz je w mące, strzepując jej nadmiar.

b) Rozgrzej olej roślinny na dużej patelni na średnim ogniu. Smażyć filety rybne z obu stron na złoty kolor. Zdjąć z patelni i odłożyć na talerz wyłożony ręcznikiem papierowym, aby odsączyć z nadmiaru oleju.

c) Na tej samej patelni podsmaż pokrojoną w plasterki czerwoną cebulę, marchewkę pokrojoną w julienne, pokrojoną w plasterki czerwoną paprykę i posiekany czosnek, aż zaczną mięknąć, około 5 minut.

d) W osobnym rondlu wymieszaj biały ocet, wodę, liście laurowe, suszone oregano, mielony kminek, paprykę, sól i pieprz. Doprowadzić mieszaninę do wrzenia.

e) Do wrzącej mieszanki octu dodaj smażone warzywa. Zmniejsz ogień i gotuj przez około 10 minut, aby smaki się połączyły.

f) Usmażone filety rybne ułożyć w płytkim naczyniu. Zalej rybę mieszanką octu i warzyw, całkowicie ją przykrywając. Pozwól naczyniu ostygnąć do temperatury pokojowej.

g) Przykryj naczynie i wstaw do lodówki na co najmniej 2 godziny lub na noc, aby ryba wchłonęła smaki.

h) Podawaj Escabeche de Pescado/marynowaną rybę schłodzoną, udekorowaną świeżą kolendrą lub pietruszką.

i) Rybę i warzywa z marynatą można podawać jako dodatek lub podawać z ryżem lub pieczywem.

ZOWDERY

74. Chupe de Ollucos/Olluco Zupa Ziemniaczana

SKŁADNIKI:
- 2 łyżki. olej roślinny
- 1 cebula, drobno posiekana
- 2 ząbki czosnku, posiekane
- 1 łyżeczka. mielony kminek
- 1 łyżeczka. suszone oregano
- 4 szklanki bulionu warzywnego lub drobiowego
- 4 średnie olluco, obrane i pokrojone w kostkę
- 2 średnie ziemniaki, obrane i pokrojone w kostkę
- 1 szklanka skondensowanego mleka
- 1 szklanka pokruszonego sera queso fresco lub feta
- Sól i pieprz do smaku
- Świeża kolendra, posiekana (do dekoracji)

INSTRUKCJE:
a) W dużym garnku rozgrzej olej roślinny na średnim ogniu.
b) Dodaj posiekaną cebulę i posiekany czosnek i smaż, aż cebula będzie miękka i przezroczysta.
c) Dodaj mielony kminek i suszone oregano i gotuj przez dodatkową minutę, aby przypiec przyprawy.
d) Do garnka wlać bulion warzywny lub drobiowy i doprowadzić do wrzenia.
e) Do garnka dodaj pokrojone w kostkę ollucos i ziemniaki. Zmniejsz ogień do wrzenia i gotuj, aż warzywa będą miękkie, około 15-20 minut.
f) Za pomocą tłuczka do ziemniaków lub tylnej części łyżki delikatnie rozgnieć część ziemniaków o ścianki garnka, aby zagęścić zupę.
g) Dodaj skondensowane mleko i pokruszony ser feta lub queso fresco. Kontynuuj gotowanie na wolnym ogniu przez kolejne 5 minut, od czasu do czasu mieszając, aż ser się roztopi, a zupa lekko zgęstnieje.
h) Dopraw solą i pieprzem do smaku.
i) Zdejmij garnek z ognia i pozwól mu lekko ostygnąć przed podaniem.
j) Nałóż zupę ziemniaczaną Chupe de Ollucos/Olluco do misek i udekoruj świeżą kolendrą.
k) Podawaj gorącą zupę i ciesz się pocieszającymi smakami Chupe de Ollucos/Olluco Potato Chowder.

75.Chupe de Camote/Zupa ze słodkich ziemniaków

SKŁADNIKI:
- 2 łyżki. olej roślinny
- 1 cebula, drobno posiekana
- 2 ząbki czosnku, posiekane
- 2 łyżeczki. mielony kminek
- 1 łyżeczka. suszone oregano
- 4 szklanki bulionu warzywnego lub drobiowego
- 2 duże słodkie ziemniaki, obrane i pokrojone w kostkę
- 1 szklanka ziaren kukurydzy (świeżych lub mrożonych)
- 1 szklanka skondensowanego mleka
- 1 szklanka pokruszonego sera queso fresco lub feta
- Sól i pieprz do smaku
- Świeża kolendra, posiekana (do dekoracji)

INSTRUKCJE:
a) Podgrzej olej roślinny w dużym garnku na średnim ogniu.
b) Dodaj posiekaną cebulę i posiekany czosnek i smaż, aż cebula będzie miękka i przezroczysta.
c) Dodaj mielony kminek i suszone oregano i gotuj przez dodatkową minutę, aby przypiec przyprawy.
d) Do garnka wlać bulion warzywny lub drobiowy i doprowadzić do wrzenia.
e) Do garnka dodaj pokrojone w kostkę słodkie ziemniaki i ziarna kukurydzy. Zmniejsz ogień do wrzenia i gotuj, aż słodkie ziemniaki będą miękkie, około 15-20 minut.
f) Za pomocą tłuczka do ziemniaków lub grzbietu łyżki delikatnie rozgnieć część słodkich ziemniaków o ścianki garnka, aby zagęścić zupę.
g) Dodaj skondensowane mleko i pokruszony ser feta lub queso fresco. Kontynuuj gotowanie na wolnym ogniu przez kolejne 5 minut, od czasu do czasu mieszając, aż ser się roztopi, a zupa lekko zgęstnieje.
h) Dopraw solą i pieprzem do smaku.
i) Zdejmij garnek z ognia i pozwól mu lekko ostygnąć przed podaniem.
j) Nałóż Chupe de Camote/Chupe de Camote do misek i udekoruj świeżą kolendrą.
k) Podawaj gorącą zupę i ciesz się pocieszającymi smakami Chupe de Camote/Zupa ze słodkich ziemniaków.

76.Zupa Z Kurczakiem I Kolendrą (Aguadito de Pollo)

SKŁADNIKI:
- 4 udka z kurczaka lub równoważna ilość pokrojonego w kostkę surowego kurczaka Sól i pieprz
- ¼ szklanki oleju roślinnego
- ½ szklanki cebuli, drobno posiekanej
- 2 ząbki czosnku, zmiażdżone
- 2 świeże aji amarillo, posiekane lub 3 łyżki pasty (patrz uwaga) 2 szklanki liści kolendry (odrzucić łodygi)
- 4 szklanki bulionu z kurczaka
- 1 szklanka ciemnego piwa (opcjonalnie)
- ½ czerwonej papryki pokrojonej w plasterki
- 1 szklanka marchewki, pokrojonej w kostkę
- ½ szklanki ryżu długoziarnistego
- 4 średnie żółte ziemniaki, obrane i pokrojone w kostkę ½ szklanki zielonego groszku

INSTRUKCJE:
a) Kurczaka doprawiamy solą i pieprzem. Rozgrzej olej roślinny w rondlu na średnim ogniu, dodaj kawałki kurczaka i obsmaż je. Kawałki kurczaka przełóż na talerz i trzymaj w cieple. W tym samym rondlu podsmaż cebulę i czosnek na złoty kolor.
b) Zmiksuj liście kolendry i świeże aji amarillo z ¼ szklanki wody w blenderze na gładką masę; dodać do mieszanki cebulowej wraz z bulionem z kurczaka, piwem, jeśli używasz, kurczakiem, ziemniakami i marchewką. Doprowadzić do wrzenia, zmniejszyć ogień do małego, przykryć pokrywką i gotować na wolnym ogniu przez 20 minut.
c) Dodaj ryż, przykryj garnek i gotuj na wolnym ogniu, aż ryż będzie gotowy. Na ostatnie kilka minut gotowania dodać groszek.
d) Udekoruj kawałkami czerwonej papryki.

77. Chupe de Lentejas / Zupa z soczewicy

SKŁADNIKI:

- 2 szklanki suszonej brązowej lub zielonej soczewicy
- 1 cebula, drobno posiekana
- 3 ząbki czosnku, posiekane
- 1 marchewka, pokrojona w kostkę
- 1 ziemniak, pokrojony w kostkę
- 1 szklanka mrożonych ziaren kukurydzy
- 1 szklanka pokrojonych w kostkę pomidorów (świeżych lub z puszki)
- 4 szklanki bulionu warzywnego lub wody
- 1 szklanka mleka lub mleka skondensowanego
- 1 łyżeczka. mielonego kminku
- 1 łyżeczka. suszonego oregano
- 1 liść laurowy
- Sól i pieprz do smaku
- Posiekana świeża pietruszka lub kolendra do dekoracji
- Kawałki limonki do podania

INSTRUKCJE:

a) Opłucz soczewicę pod zimną wodą i usuń wszelkie zanieczyszczenia i kamienie.
b) W dużym garnku rozgrzej odrobinę oleju roślinnego na średnim ogniu.
c) Do garnka dodaj posiekaną cebulę i posiekany czosnek i smaż, aż cebula stanie się przezroczysta, a czosnek zacznie pachnieć.
d) Do garnka dodaj pokrojoną w kostkę marchewkę, ziemniaki i mrożone ziarna kukurydzy.
e) Gotuj kilka minut, aby warzywa zmiękły.
f) Wymieszaj pokrojone w kostkę pomidory, mielony kminek, suszone oregano i liść laurowy.
g) Gotuj jeszcze minutę do połączenia smaków.
h) Do garnka wrzucamy opłukaną soczewicę i zalewamy bulionem warzywnym lub wodą.
i) Dopraw solą i pieprzem do smaku.
j) Doprowadzić mieszaninę do wrzenia, następnie zmniejszyć ogień do małego i gotować na wolnym ogniu przez około 30-40 minut lub do momentu, aż soczewica będzie miękka i ugotowana. Od czasu do czasu mieszaj.
k) Gdy soczewica będzie już ugotowana, dodaj mleko lub mleko skondensowane.
l) W razie potrzeby dostosuj konsystencję, dodając więcej płynu.
m) Gotuj Chupe de Lentejas/Zupę Z Soczewicy przez dodatkowe 5-10 minut, aby się rozgrzała i pozwoliła, aby smaki się połączyły.
n) Zdejmij garnek z ognia i wyrzuć liść laurowy.
o) Podawaj Chupe de Lentejas/Zupę Z Soczewicy na gorąco, udekorowaną posiekaną świeżą pietruszką lub kolendrą.
p) Podawać z kawałkami limonki na boku do wyciśnięcia gulaszu.

78. Chupe de Quinua/Quinoa Chowder

SKŁADNIKI:
- 1 szklanka komosy ryżowej, opłukanej
- 2 łyżki. olej roślinny
- 1 cebula, posiekana
- 2 ząbki czosnku, posiekane
- 1 marchewka, pokrojona w kostkę
- 1 ziemniak, pokrojony w kostkę
- 1 szklanka ziaren kukurydzy
- 1 szklanka zielonego groszku
- 4 szklanki bulionu warzywnego lub drobiowego
- 1 szklanka skondensowanego mleka
- 1 łyżeczka. mielony kminek
- 1 łyżeczka. suszone oregano
- Sól i pieprz do smaku
- Świeża kolendra, posiekana (do dekoracji)

INSTRUKCJE:
a) W dużym garnku rozgrzej olej roślinny na średnim ogniu.
b) Dodaj posiekaną cebulę i posiekany czosnek i smaż, aż cebula stanie się przezroczysta.
c) Do garnka dodaj pokrojoną w kostkę marchewkę, ziemniaki, ziarna kukurydzy i zielony groszek. Mieszamy i smażymy kilka minut, aż warzywa zaczną mięknąć.
d) Komosę ryżową dokładnie opłucz pod zimną wodą.
e) Dodaj quinoę do garnka i wymieszaj, aby połączyć się z warzywami.
f) Wlać bulion warzywny lub drobiowy i doprowadzić mieszaninę do wrzenia. Zmniejsz ogień do małego, przykryj garnek i gotuj na wolnym ogniu przez około 15-20 minut lub do momentu, aż komosa ryżowa i warzywa będą miękkie.
g) Dodaj skondensowane mleko, mielony kminek i suszone oregano.
h) Dopraw solą i pieprzem do smaku.
i) Gotuj jeszcze przez 5 minut, aby smaki się połączyły. Zdejmij z ognia i odstaw na kilka minut, a następnie podawaj.

79. Chupe de Pallares Verdes/Zupa z zielonej fasoli

SKŁADNIKI:
- 2 szklanki zielonej fasoli lima (pallares verdes), namoczonej przez noc i odsączonej
- 2 łyżki. olej roślinny
- 1 cebula, drobno posiekana
- 2 ząbki czosnku, posiekane
- 1 łyżeczka. mielony kminek
- 1 łyżeczka. suszone oregano
- 4 szklanki bulionu warzywnego lub drobiowego
- 2 średnie ziemniaki, obrane i pokrojone w kostkę
- 1 szklanka skondensowanego mleka
- 1 szklanka pokruszonego sera queso fresco lub feta
- Sól i pieprz do smaku
- Świeża natka pietruszki, posiekana (do dekoracji)

INSTRUKCJE:

a) Do dużego garnka dodaj namoczoną i odsączoną zieloną fasolkę lima. Zalać je wodą i doprowadzić do wrzenia. Zmniejsz ogień i gotuj na wolnym ogniu, aż fasola będzie miękka, około 30-40 minut. Odcedź i odłóż na bok.

b) W tym samym garnku rozgrzej olej roślinny na średnim ogniu.

c) Dodaj posiekaną cebulę i posiekany czosnek i smaż, aż cebula będzie miękka i przezroczysta.

d) Dodaj mielony kminek i suszone oregano i gotuj przez dodatkową minutę, aby przypiec przyprawy.

e) Do garnka wlać bulion warzywny lub drobiowy i doprowadzić do wrzenia.

f) Do garnka dodaj pokrojone w kostkę ziemniaki i ugotowaną zieloną fasolkę lima. Zmniejsz ogień do wrzenia i gotuj, aż ziemniaki będą miękkie, około 15-20 minut.

g) Za pomocą tłuczka do ziemniaków lub tylnej części łyżki delikatnie rozgnieć część ziemniaków i fasoli o ścianki garnka, aby zagęścić zupę.

h) Dodaj skondensowane mleko i pokruszony ser feta lub queso fresco. Kontynuuj gotowanie na wolnym ogniu przez kolejne 5 minut, od czasu do czasu mieszając, aż ser się roztopi, a zupa lekko zgęstnieje.

i) Dopraw solą i pieprzem do smaku.

j) Zdejmij garnek z ognia i pozwól mu lekko ostygnąć przed podaniem.

k) Nałóż Chupe de Pallares Verdes/Zupę Z Zielonej Fasoli do misek i udekoruj świeżą pietruszką.

l) Podawaj gorącą zupę i ciesz się pocieszającymi smakami Chupe de Pallares Verdes/Zupa z zielonej fasoli.

80.Chupe de Papa / Zupa Ziemniaczana

SKŁADNIKI:
- 6 średniej wielkości ziemniaków, obranych i pokrojonych w kostkę
- 1 cebula, drobno posiekana
- 2 ząbki czosnku, posiekane
- 2 łyżki. olej roślinny
- 4 szklanki bulionu z kurczaka lub warzyw
- 1 szklanka mleka
- 1 szklanka skondensowanego mleka
- 1 szklanka mrożonych lub świeżych ziaren kukurydzy
- 1 szklanka mrożonego lub świeżego groszku
- 1 szklanka pokruszonego sera queso fresco lub feta
- 2 jajka
- 2 łyżki. świeża kolendra, posiekana
- Sól i pieprz do smaku

INSTRUKCJE:
a) W dużym garnku rozgrzej olej roślinny na średnim ogniu.
b) Dodaj posiekaną cebulę i posiekany czosnek i smaż, aż będą miękkie i pachnące.
c) Dodaj pokrojone w kostkę ziemniaki do garnka i mieszaj, aby pokryć je mieszanką cebuli i czosnku.
d) Wlać bulion z kurczaka lub warzyw i doprowadzić mieszaninę do wrzenia. Zmniejsz ogień do małego, przykryj garnek i gotuj na wolnym ogniu przez około 15-20 minut lub do momentu, aż ziemniaki będą miękkie.
e) Za pomocą widelca lub tłuczka do ziemniaków lekko rozgnieć część ziemniaków w garnku, aby zagęścić zupę. Dzięki temu Chupe de Papa/Zupa Ziemniaczana uzyska kremową konsystencję.
f) Do garnka dodaj mleko, mleko skondensowane, ziarna kukurydzy i groszek. Dobrze wymieszaj, aby połączyć wszystkie składniki.
g) Kontynuuj gotowanie zupy na małym ogniu przez kolejne 10-15 minut, pozwalając, aby smaki się połączyły.
h) W osobnej misce ubij jajka. Do ubitych jaj stopniowo dodawaj chochelką gorącej zupy, cały czas mieszając, aby jajka się zahartowały i zapobiegły ich zsiadaniu.
i) Powoli wlewaj masę jajeczną z powrotem do garnka, ciągle mieszając. Pomoże to zagęścić zupę i nadać jej kremową konsystencję.
j) Do garnka dodaj pokruszony fresk queso lub ser feta i mieszaj, aż roztopią się w zupie.
k) Dopraw Chupe de Papa/Zupę Ziemniaczaną do smaku solą i pieprzem. Dopraw przyprawy według własnych upodobań.
l) Na koniec posyp zupę świeżą kolendrą i delikatnie wymieszaj.
m) Podawaj Chupe de Papa/Zupę Ziemniaczaną na gorąco w miskach, udekorowaną dodatkową kolendrą, jeśli chcesz.

DESER

81. Humitas/ciastka kukurydziane na parze

SKŁADNIKI:
- 6 świeżych kłosów kukurydzy
- 1 cebula, drobno posiekana
- 2 łyżki. olej roślinny
- 1 łyżka. pasta ají amarillo (opcjonalnie, dla pikantnego kopa)
- 1 łyżeczka. mielony kminek
- 1 łyżeczka. papryka
- Sól i pieprz do smaku
- Łuski kukurydzy namoczone w wodzie przez co najmniej 1 godzinę

INSTRUKCJE:

a) Zacznij od usunięcia łusek z kłosów kukurydzy i odłożenia ich na bok. Ostrożnie obierz ziarna kukurydzy z kolb, pamiętając, aby zebrać także całe mleko kukurydziane.

b) W blenderze lub robocie kuchennym zmiksuj ziarna kukurydzy i mleko kukurydziane, aż uzyskasz gładką mieszankę. Odłożyć na bok.

c) Na patelni rozgrzej olej roślinny na średnim ogniu.

d) Dodaj posiekaną cebulę i smaż, aż stanie się przezroczysta i pachnąca.

e) Dodaj na patelnię pastę ají amarillo (jeśli używasz), mielony kminek, paprykę, sól i pieprz. Dobrze wymieszaj, aby połączyć i gotuj przez kolejną minutę.

f) Wlać zmiksowaną mieszankę kukurydzianą na patelnię z przyprawioną cebulą. Ciągle mieszaj, aby zapobiec tworzeniu się grudek i gotuj przez około 10 minut, aż mieszanina zgęstnieje.

g) Zdejmij patelnię z ognia i poczekaj, aż mieszanina lekko ostygnie.

h) Weź namoczoną łuskę kukurydzy i połóż na niej około 2 łyżek stołowych. mieszanki kukurydzianej na środku. Złożyć łuskę na nadzienie, tworząc prostokątne opakowanie. Zawiąż końce łuski cienkim paskiem namoczonej łuski lub sznurka kuchennego, aby zabezpieczyć humitę.

i) Powtarzaj proces z pozostałą mieszanką kukurydzy i łuską, aż do wykorzystania całej mieszanki.

j) Napełnij duży garnek wodą i zagotuj. Umieść koszyk do gotowania na parze lub durszlak nad garnkiem, uważając, aby nie dotykał wody.

k) Ułóż zawinięte Humitas/Wasiki kukurydziane na parze w koszyku do gotowania na parze, przykryj garnek pokrywką i gotuj na parze przez około 45 minut do 1 godziny lub do momentu, aż Humitas/Casteczka kukurydziane na parze będą twarde i ugotowane.

l) Wyjmij humitas/ciasteczka kukurydziane gotowane na parze z naczynia do gotowania na parze i poczekaj, aż lekko ostygną przed rozpakowaniem i podaniem.

82. Arroz con Leche/pudding ryżowy

SKŁADNIKI:
- 1 szklanka białego ryżu
- 4 szklanki mleka
- 1 szklanka wody
- 1 laska cynamonu
- 1 szklanka cukru (dostosuj do smaku)
- 1 łyżeczka. ekstraktu waniliowego
- Skórka otarta z 1 cytryny (opcjonalnie)
- Mielony cynamon do dekoracji

INSTRUKCJE:
a) Opłucz ryż pod zimną wodą, aby usunąć nadmiar skrobi.
b) W dużym garnku wymieszaj opłukany ryż, mleko, wodę i laskę cynamonu.
c) Postaw garnek na średnim ogniu i zagotuj mieszaninę.
d) Zmniejsz ogień do małego i gotuj na wolnym ogniu, mieszając od czasu do czasu, aby zapobiec przywieraniu, przez około 20 minut lub do momentu, aż ryż będzie ugotowany i miękki.
e) Dodać cukier i mieszać aż do całkowitego rozpuszczenia.
f) Kontynuuj gotowanie budyniu ryżowego na małym ogniu, często mieszając, przez kolejne 10-15 minut lub do momentu, aż mieszanina zgęstnieje do kremowej konsystencji.
g) Zdejmij garnek z ognia i dodaj ekstrakt waniliowy i skórkę z cytryny (jeśli używasz). Pozostaw Arroz con Leche/pudding ryżowy do ostygnięcia na kilka minut.
h) Wyjmij laskę cynamonu z garnka.
i) Przełóż Arroz con Leche/Rice Pudding do osobnych naczyń lub dużej miski.
j) Dla dekoracji posyp zmielonym cynamonem.
k) Podawaj Arroz con Leche/Pudding ryżowy na ciepło lub schłodzony. Można go pić samodzielnie lub z odrobiną dodatkowego cynamonu.

83. Mazamorra Morada/fioletowy budyń kukurydziany

SKŁADNIKI:

- 2 szklanki fioletowych ziaren kukurydzy (suszonych)
- 8 szklanek wody
- 1 laska cynamonu
- 4 goździki
- 1 szklanka pokrojonego w kostkę ananasa
- 1 szklanka pokrojonego w kostkę jabłka
- 1 szklanka pokrojonej w kostkę gruszki
- 1 szklanka pokrojonej w kostkę pigwy (opcjonalnie)
- 1/2 szklanki suszonych śliwek
- 1/2 szklanki suszonych moreli
- 1 szklanka cukru
- 1/4 szklanki skrobi kukurydzianej
- Sok z 1 limonki
- Mielony cynamon do dekoracji

INSTRUKCJE:

a) W dużym garnku wymieszaj fioletowe ziarna kukurydzy, wodę, laskę cynamonu i goździki.

b) Doprowadzić mieszaninę do wrzenia, następnie zmniejszyć ogień i gotować na wolnym ogniu przez około 45 minut do 1 godziny.

c) To wydobędzie smak i kolor z fioletowej kukurydzy.

d) Odcedź płyn do innego garnka, wyrzucając ziarna kukurydzy, laskę cynamonu i goździki. Ponownie postaw garnek na ogniu.

e) Do garnka dodaj pokrojonego w kostkę ananasa, jabłko, gruszkę, pigwę (jeśli używasz), suszone śliwki i suszone morele. Gotuj na wolnym ogniu przez około 15 minut lub do momentu, aż owoce będą miękkie.

f) W małej misce wymieszaj cukier i skrobię kukurydzianą.

g) Dodaj tę mieszaninę do garnka i dobrze wymieszaj, aby połączyć.

h) Gotuj przez kolejne 5-10 minut, ciągle mieszając, aż mieszanina zgęstnieje.

i) Zdejmij garnek z ognia i dodaj sok z limonki.

j) Pozwól, aby Mazamorra Morada/Purple Corn Pudding ostygł do temperatury pokojowej, a następnie wstaw do lodówki na co najmniej 2 godziny lub do czasu, aż ostygnie i stwardnieje.

k) Przed podaniem nałóż Mazamorra Morada/Purple Corn Pudding do osobnych misek lub szklanek.

l) Dla dekoracji posyp zmielonym cynamonem.

m) Rozkoszuj się schłodzonym puddingiem Mazamorra Morada/Purple Corn Pudding jako orzeźwiającym i słodkim deserem.

84. Mazamorra de Quinua/pudding z komosy ryżowej

SKŁADNIKI:
- 1 szklanka komosy ryżowej
- 4 szklanki wody
- 4 szklanki mleka
- 1 laska cynamonu
- 1 łyżeczka. ekstraktu waniliowego
- 1/2 szklanki cukru (dostosuj do smaku)
- 1/4 łyżeczki zmielonych goździków
- 1/4 łyżeczki mielonej gałki muszkatołowej
- Rodzynki i/lub posiekane orzechy do dekoracji (opcjonalnie)

INSTRUKCJE:
a) Komosę ryżową dokładnie opłucz pod zimną wodą, aby pozbyć się goryczy.
b) W dużym garnku wymieszaj komosę ryżową i wodę. Doprowadzić do wrzenia na średnim ogniu, następnie zmniejszyć ogień do małego i gotować na wolnym ogniu przez około 15 minut lub do momentu, aż komosa ryżowa będzie miękka. Odcedź nadmiar wody.
c) Ugotowaną komosę ryżową włóż ponownie do garnka i dodaj mleko, laskę cynamonu, ekstrakt waniliowy, cukier, zmielone goździki i mieloną gałkę muszkatołową.
d) Dobrze wymieszaj mieszaninę i doprowadzaj do delikatnego wrzenia na średnim ogniu.
e) Gotuj przez około 20-25 minut, od czasu do czasu mieszając, aż mieszanina zgęstnieje i uzyska konsystencję przypominającą budyń.
f) Zdejmij garnek z ognia i wyrzuć laskę cynamonu.
g) Przed podaniem odczekaj kilka minut, aż budyń Mazamorra de Quinua/Quinoa ostygnie.
h) Podawaj budyń Mazamorra de Quinua/Quinoa na ciepło lub schłodzony w miseczkach lub pucharkach deserowych.
i) W razie potrzeby udekoruj każdą porcję rodzynkami i/lub posiekanymi orzechami.

85. Pudding Frejol Colado/Fasolowy

SKŁADNIKI:
- 2 szklanki ugotowanej peruwiańskiej fasoli kanaryjskiej lub fasoli pinto
- 1 cebula, posiekana
- 2 ząbki czosnku, posiekane
- 2 łyżki. oleju roślinnego
- 1 łyżeczka. mielonego kminku
- 1 łyżeczka. suszonego oregano
- 1 szklanka bulionu drobiowego lub warzywnego
- Sól i pieprz do smaku
- Dodatki do wyboru: posiekana kolendra, pokruszony fresk queso, plasterki czerwonej cebuli lub smażone skórki wieprzowe (chicharrones)

INSTRUKCJE:
a) W dużym garnku rozgrzej olej roślinny na średnim ogniu.
b) Dodaj posiekaną cebulę i posiekany czosnek i smaż, aż cebula stanie się przezroczysta, a czosnek zacznie pachnieć.
c) Do garnka dodaj zmielony kminek i suszone oregano i smaż przez minutę, aby przyrumienić przyprawy.
d) Dodaj ugotowaną fasolę do garnka i wymieszaj, aby połączyć się z cebulą i mieszanką przypraw.
e) Zalewamy bulionem drobiowym lub warzywnym, doprawiamy solą i pieprzem do smaku.
f) Doprowadź mieszaninę do wrzenia i gotuj przez około 10 minut, aby smaki się połączyły.
g) Za pomocą blendera zanurzeniowego lub zwykłego blendera zmiksuj mieszankę fasoli na gładką i kremową masę. Jeśli używasz zwykłego blendera, miksuj mieszaninę partiami i uważaj na gorący płyn.
h) Jeżeli konsystencja jest zbyt gęsta można dodać więcej bulionu lub wody do uzyskania pożądanej gęstości.
i) Wstaw garnek z powrotem do kuchenki na małym ogniu i kontynuuj gotowanie Frejol Colado/Bean Pudding przez dodatkowe 5 minut, od czasu do czasu mieszając.
j) Posmakuj i w razie potrzeby dopraw do smaku.
k) Zdejmij z ognia i podawaj na gorąco Frejol Colado/Bean Pudding.
l) Udekoruj każdą porcję posiekaną kolendrą, pokruszonym freskiem queso, plasterkami czerwonej cebuli lub smażonymi skórkami wieprzowymi, jeśli masz na to ochotę.

86. Kanapki z Ciasteczkami Karmelowymi (Alfajores)

SKŁADNIKI:
- 1 szklanka skrobi kukurydzianej
- 1 ¼ szklanki mąki
- ¾ szklanki cukru pudru ½ łyżeczki. proszek do pieczenia 1/8 łyżeczki. sól morska
- 2 kostki masła, pokrojone w kostkę
- 1 13 uncji puszka słodzonego mleka skondensowanego lub zakupione dulce de leche

INSTRUKCJE:
DLA DULCE DE LECHE
a) Usuń etykietę z puszki słodzonego skondensowanego mleka i umieść ją w głębokim garnku. Połóż puszkę na boku i przykryj wodą na głębokość dwóch cali.
b) Doprowadzić do wrzenia, przykryć i gotować dalej przez dwie do trzech godzin. Dłuższy okres czasu zapewni ciemniejszy karmel. Pamiętaj, aby co jakiś czas sprawdzać, czy puszka jest nadal zalana wodą, w razie potrzeby dodaj więcej.
c) Wyjmij z garnka i pozostaw do ostygnięcia. Można to zrobić wcześniej. Można go przechowywać w lodówce przez czas nieokreślony. Przed użyciem do smarowania ciasteczek doprowadzić do temperatury pokojowej.

ZA PLIKI
d) Nagrzej piekarnik do 350 stopni.
e) Wszystkie suche składniki włóż do robota kuchennego i potrząśnij kilka razy, aby dobrze się połączyły. Dodaj pokrojone w kostkę masło i pulsuj, aż zacznie się łączyć w kulę. Nie mieszaj zbyt długo – powinno wyglądać na kudłate – a resztę ciasta dociśniesz na blacie.
f) Spłaszczyć na dysk, zawinąć w folię i wstawić do lodówki na 30 minut, aby trochę stwardniało.
g) Rozwałkuj ciasto na grubość około ¼ cala i wytnij małą okrągłą foremką do ciastek. Frez, którego użyłem, miał około 2 cali szerokości, ale szkło działa dobrze. Ułóż rundy na blasze wyłożonej pergaminem i piecz przez 1012 minut, aż spód będzie lekko brązowy, a góra nadal biała. Całkowicie ostudzić.
h) Złóż kanapki z ciasteczkami, rozprowadzając 12 łyżek dulce de leche na jednej połówce ciasteczka i przykryj drugą.
i) Posypać cukrem pudrem i zajadać!

87. Ciasto Tres Leches (Pastel de Tres Leches)

SKŁADNIKI:
NA CIASTO:
- 1 Mąkę o wszechstronnym przeznaczeniu
- 1 1/2 łyżeczki proszku do pieczenia
- 1/4 łyżeczki soli
- 4 duże jajka
- 1 szklanka granulowanego cukru
- 1/3 szklanki pełnego mleka
- 1 łyżeczka ekstraktu waniliowego

NA MIESZANKĘ TRZECH MLEK:
- 1 puszka (14 uncji) słodzonego skondensowanego mleka
- 1 puszka (12 uncji) skondensowanego mleka
- 1 szklanka pełnego mleka

NA polewę:
- 2 szklanki gęstej śmietanki
- 2 łyżki cukru pudru
- Mielony cynamon do dekoracji

INSTRUKCJE:
a) Rozgrzej piekarnik do 175°C i natłuść naczynie do pieczenia o wymiarach 9 x 13 cali.
b) W misce przesiej mąkę, proszek do pieczenia i sól.
c) W osobnej misce ubić jajka z cukrem na jasną i puszystą masę. Dodaj mleko i ekstrakt waniliowy i dobrze wymieszaj.
d) Stopniowo dodawaj suche składniki do masy jajecznej i mieszaj, aż masa będzie gładka.
e) Ciasto wlać do przygotowanej formy do pieczenia i piec przez około 30 minut lub do momentu, aż wykałaczka wbita w środek będzie sucha.
f) Gdy ciasto jest jeszcze ciepłe, nakłuj je widelcem.
g) W osobnej misce wymieszaj trzy rodzaje mleka (słodzone mleko skondensowane, mleko zagęszczone i mleko pełne).
h) Ciepłe ciasto wylać równomiernie mieszanką trzech rodzajów mleka. Pozwól mu się namoczyć i ostudzić do temperatury pokojowej.
i) W drugiej misce ubić gęstą śmietanę z cukrem pudrem, aż powstanie sztywna piana.
j) Bitą śmietanę rozsmaruj na wierzchu ciasta.
k) Przed podaniem schłodź ciasto Tres Leches w lodówce na kilka godzin.
l) Tuż przed podaniem posypujemy mielonym cynamonem.

88. Suspiro a la Limeña (peruwiański deser z karmelem i bezą)

SKŁADNIKI:
NA KARMEL:
- 1 szklanka granulowanego cukru
- 1/4 szklanki wody

NA BEZĘ:
- 4 białka jaj
- 1 szklanka granulowanego cukru
- 1 łyżeczka ekstraktu waniliowego

NA KREM:
- 1 puszka (14 uncji) słodzonego skondensowanego mleka
- 4 żółtka
- 1 łyżeczka ekstraktu waniliowego

INSTRUKCJE:
a) W rondelku wymieszaj cukier i wodę na karmel. Smażyć na średnim ogniu, od czasu do czasu mieszając, aż nabierze złocistego karmelowego koloru. Karmel wylewamy na dno naczyń lub dużej szklanej miski.
b) W misce miksującej ubijaj białka, aż powstanie sztywna piana. Stopniowo dodawaj cukier i ekstrakt waniliowy, kontynuując ubijanie, aż masa będzie lśniąca.
c) W osobnej misce wymieszaj słodzone mleko skondensowane, żółtka i ekstrakt waniliowy, aż dobrze się połączą.
d) Ostrożnie wymieszaj masę z białek z masą budyniową.
e) Wlać mieszaninę kremu na karmel w naczyniach do serwowania.
f) Przed podaniem schłodzić w lodówce kilka godzin. Karmel wypłynie na wierzch, tworząc zachwycający dwuwarstwowy deser.

89. Mazamorra Morada / Fioletowy budyń kukurydziany

SKŁADNIKI:

- 2 szklanki soku z fioletowej kukurydzy (koncentrat mazamorra morada)
- 1 szklanka suszonych fioletowych ziaren kukurydzy
- 1 laska cynamonu
- 4 goździki
- 1 szklanka cukru
- 1/2 szklanki skrobi ziemniaczanej
- Kawałki ananasa i śliwki do dekoracji

INSTRUKCJE:

a) W dużym garnku połącz sok z fioletowej kukurydzy, suszone ziarna fioletowej kukurydzy, laskę cynamonu i goździki. Doprowadź do wrzenia, a następnie gotuj na wolnym ogniu przez około 20 minut.

b) W osobnej misce wymieszaj skrobię ziemniaczaną z odrobiną wody, aż powstanie zawiesina.

c) Do garnka dodać zawiesinę cukru i skrobi ziemniaczanej, ciągle mieszając. Kontynuuj gotowanie, aż mieszanina zgęstnieje.

d) Zdjąć z ognia i pozostawić do ostygnięcia.

e) Przed podaniem udekoruj kawałkami ananasa i suszonymi śliwkami.

90. Picarones (peruwiańskie pączki dyniowe z syropem)

SKŁADNIKI:
DLA PIKARONÓW:
- 2 filiżanki mąki uniwersalnej
- 1 szklanka puree z dyni (ugotowanej i zmiksowanej)
- 1/4 szklanki puree ze słodkich ziemniaków
- 1 łyżeczka aktywnych suchych drożdży
- 1 łyżeczka nasion anyżu
- 1/4 łyżeczki soli
- Olej roślinny do smażenia

NA SYROP:
- 1 szklanka ciemnego brązowego cukru
- 1/2 szklanki wody
- 2 laski cynamonu
- 2 goździki

INSTRUKCJE:
a) W misce wymieszaj mąkę, puree z dyni, puree ze słodkich ziemniaków, aktywne suszone drożdże, nasiona anyżu i sól. Mieszaj, aż powstanie lepkie ciasto.
b) Przykryj miskę i odstaw ciasto do wyrośnięcia na około 1 godzinę, aż podwoi swoją objętość.
c) W dużym garnku rozgrzej olej roślinny do smażenia.
d) Zwilż ręce i uformuj małe porcje ciasta w pierścienie lub ósemki.
e) Ostrożnie wrzucaj pikarony na gorący olej i smaż z obu stron, aż uzyskają złoty kolor.
f) W osobnym rondlu wymieszaj ciemnobrązowy cukier, wodę, laski cynamonu i goździki. Gotować na małym ogniu do uzyskania syropu.
g) Zanurz smażone picarones w syropie i podawaj na ciepło.

91. Alfajores de Maicena (Alfajores z peruwiańskiej skrobi kukurydzianej)

SKŁADNIKI:

W przypadku plików cookie:
- 2 szklanki skrobi kukurydzianej
- 1 1/4 szklanki mąki uniwersalnej
- 1/2 szklanki niesolonego masła, zmiękczonego
- 1/2 szklanki cukru pudru
- 3 żółtka
- 1 łyżeczka proszku do pieczenia
- 1/2 łyżeczki ekstraktu waniliowego
- Skórka z 1 cytryny

Do nadzienia:
- 1 szklanka dulce de leche (karmelizowanego mleka)
- Cukier puder do posypania

INSTRUKCJE:

a) Rozgrzej piekarnik do 175°C (350°F).
b) W misce utrzyj miękkie masło z cukrem pudrem na puszystą masę.
c) Dodajemy po jednym żółtku i dokładnie mieszamy po każdym dodaniu.
d) Wymieszaj ekstrakt waniliowy i skórkę z cytryny.
e) Przesiej mąkę kukurydzianą, mąkę uniwersalną i proszek do pieczenia. Mieszaj, aż uzyskasz miękkie ciasto.
f) Rozwałkuj ciasto na posypanej mąką powierzchni na grubość około 1/4 cala.
g) Za pomocą foremki do ciastek wycinaj małe krążki.
h) Ułóż krążki na blasze wyłożonej papierem do pieczenia i piecz przez około 10-12 minut lub do momentu, aż będą lekko złociste.
i) Pozwól ciasteczkom całkowicie ostygnąć.
j) Na spodzie jednego ciasteczka połóż warstwę dulce de leche i przykryj drugim, aby zrobić kanapkę.
k) Przed podaniem posyp alfajores cukrem pudrem.

92. Helado de Lucuma (lody Lucuma)

SKŁADNIKI:
- 2 szklanki miąższu lucuma (mrożonego lub z puszki)
- 2 szklanki gęstej śmietanki
- 1 szklanka słodzonego skondensowanego mleka
- 1 łyżeczka ekstraktu waniliowego

INSTRUKCJE:
a) W blenderze połącz miąższ lucuma, gęstą śmietankę, słodzone mleko skondensowane i ekstrakt waniliowy.
b) Mieszaj, aż mieszanina będzie gładka i dobrze połączona.
c) Wlać mieszaninę do maszyny do lodów i ubić zgodnie z instrukcją producenta.
d) Lody przełożyć do szczelnego pojemnika i zamrozić, aż staną się twarde.
e) Podawaj lody lucuma gałkami i delektuj się tym słodkim i kremowym peruwiańskim przysmakiem.

NAPOJE

93. Chicha de Jora / fermentowane piwo kukurydziane

SKŁADNIKI:
- 2 funty kukurydzy jora (fioletowa kukurydza)
- 1 funt posiekanego ananasa
- 1 laska cynamonu
- 4 goździki
- 1 łyżka. suszonych liści huacatay (opcjonalnie)
- 2 litry wody
- 1 szklanka cukru (dostosuj do smaku)
- Sok z 2 limonek

INSTRUKCJE:

a) Opłucz kukurydzę jora pod zimną wodą, aby usunąć brud i zanieczyszczenia.
b) Umieść kukurydzę jora w dużym garnku i zalej taką ilością wody, aby ją przykryła. Pozostawić do namoczenia na noc lub na co najmniej 8 godzin, aby zmiękło.
c) Odcedź namoczoną kukurydzę jora i wylej wodę, w której się moczyła.
d) Do dużego garnka dodaj namoczoną kukurydzę jora, posiekany ananas, laskę cynamonu, goździki i suszone liście huacatay (jeśli używasz).
e) Do garnka wlej 2 litry wody, upewniając się, że wszystkie składniki są zanurzone.
f) Doprowadzić mieszaninę do wrzenia na średnim ogniu.
g) Zmniejsz ogień do małego i gotuj na wolnym ogniu przez około 2 godziny, od czasu do czasu mieszając. W tym czasie kukurydza uwolni swoje naturalne cukry i aromaty.
h) Po 2 godzinach zdejmij garnek z ognia i pozwól mu ostygnąć do temperatury pokojowej.
i) Przecedź płyn przez sito o drobnych oczkach lub gazę, usuwając substancje stałe (kukurydza, ananas, przyprawy).
j) Przecedzony płyn wlej do garnka i dodaj cukier do smaku. Mieszaj, aż cukier się rozpuści.
k) Do garnka wyciśnij sok z 2 limonek i wymieszaj.
l) Przelej Chicha de Jora/fermentowane piwo kukurydziane do dzbanka lub pojedynczych szklanek.
m) Przechowuj w lodówce Chicha de Jora/fermentowane piwo kukurydziane do momentu schłodzenia lub podawaj z lodem.
n) Przed podaniem wymieszaj Chicha de Jora/fermentowane piwo kukurydziane, ponieważ z czasem może się osadzić i oddzielić.
o) Opcjonalnie możesz udekorować każdą szklankę odrobiną mielonego cynamonu lub plasterkiem ananasa.

94.Chicha Morada/fioletowy napój kukurydziany

SKŁADNIKI:
- 2 duże fioletowe kolby kukurydzy
- 8 szklanek wody
- 1 ananas, obrany i pokrojony na kawałki
- 2 jabłka, obrane, wydrążone i pokrojone w kostkę
- 1 laska cynamonu
- 4 goździki
- 1 szklanka cukru (dostosuj do smaku)
- Sok z 2 limonek
- Kostki lodu (do podania)
- Świeże liście mięty (do dekoracji)

INSTRUKCJE:
a) W dużym garnku wymieszaj fioletowe kolby kukurydzy z wodą. Doprowadzić do wrzenia na średnim ogniu.
b) Zmniejsz ogień do małego i gotuj na wolnym ogniu przez około 30 minut, aby wydobyć smak i kolor z kukurydzy.
c) Wyjmij fioletowe kolby kukurydzy z garnka i wyrzuć je. Odłóż fioletowy płyn na bok.
d) W osobnym garnku dodaj kawałki ananasa, pokrojone w kostkę jabłka, laskę cynamonu i goździki.
e) Otrzymany fioletowy płyn wlać do garnka z owocami i przyprawami.
f) Doprowadzić mieszaninę do wrzenia, następnie zmniejszyć ogień i gotować na wolnym ogniu przez około 20 minut, pozwalając owocom i przyprawom przeniknąć swoim aromatem do płynu.
g) Zdejmij garnek z ognia i odcedź płyn, aby usunąć ciała stałe. Wyrzuć owoce i przyprawy.
h) Dodaj cukier i sok z limonki, dostosowując słodkość i kwasowość do swojego smaku.
i) Odczekaj, aż napój Chicha Morada/Purple Corn Drink ostygnie do temperatury pokojowej, a następnie wstaw do lodówki na co najmniej 2 godziny, aby się schłodził.
j) Podawaj Chicha Morada/Purple Corn Drink z kostkami lodu w szklankach i dekoruj świeżymi listkami mięty.

95. Inca Kola (peruwiańska żółta woda sodowa)

SKŁADNIKI:
- 4 szklanki wody
- 2 szklanki granulowanego cukru
- 1 łyżka ekstraktu z werbeny cytrynowej
- 1 łyżka ekstraktu z cytryny
- 1 łyżka ekstraktu pomarańczowego
- 1 łyżka ekstraktu z mandarynki
- 1 łyżka ekstraktu cynamonowego
- Żółty barwnik spożywczy (opcjonalnie)

INSTRUKCJE:
a) W rondelku wymieszaj wodę i cukier. Podgrzewać na średnim ogniu, mieszając, aż cukier całkowicie się rozpuści.
b) Zdejmij z ognia i poczekaj, aż syrop ostygnie do temperatury pokojowej.
c) Do syropu dodaj ekstrakt z werbeny cytrynowej, ekstrakt z cytryny, ekstrakt z pomarańczy, ekstrakt z mandarynki i ekstrakt cynamonu. W razie potrzeby dodaj żółty barwnik spożywczy, aby uzyskać charakterystyczny jasnożółty kolor.
d) Dobrze wymieszaj i przelej syrop Inca Kola do butelki lub pojemnika.
e) Przed podaniem zmieszaj syrop z wodą gazowaną w stosunku 3:1 (woda gazowana do syropu) lub dostosuj proporcję do swojego smaku.
f) Dodaj lód i ciesz się słodko-owocowym smakiem Inca Kola.

96.Maracuyá Sour (kwaśna marakuja)

SKŁADNIKI:

- 2 uncje Pisco (peruwiańska brandy winogronowa)
- 1 uncja przecieru z marakui
- 1 uncja świeżego soku z limonki
- 3/4 uncji prostego syropu
- lód
- Świeże nasiona marakui do dekoracji (opcjonalnie)

INSTRUKCJE:

a) W shakerze wymieszaj Pisco, puree z marakui, świeży sok z limonki i syrop cukrowy.
b) Do shakera dodaj lód i energicznie potrząsaj przez około 15 sekund.
c) Przecedź mieszaninę do schłodzonego, tradycyjnego szkła lub kieliszka koktajlowego.
d) W razie potrzeby udekoruj świeżymi nasionami marakui.
e) Podaj Maracuyá Sour i ciesz się tropikalnymi smakami.

97. Herbata Coca (Mate de Coca)

SKŁADNIKI:
- 1-2 torebki herbaty koki lub 1-2 łyżeczki suszonych liści koki
- 1 szklanka gorącej wody
- Miód lub cukier (opcjonalnie)

INSTRUKCJE:
a) Umieść torebkę herbaty koki lub suszone liście koki w filiżance.
b) Zalej torebkę lub liście herbaty koki gorącą wodą.
c) Pozwól mu parzyć przez 5-10 minut lub do momentu osiągnięcia pożądanej mocy.
d) W razie potrzeby dosłodzić miodem lub cukrem.
e) Rozkoszuj się herbatą z koki, tradycyjnym peruwiańskim naparem ziołowym, znanym z łagodnego, ziemistego smaku.

98. Jugos Naturales (soki ze świeżych owoców)

SKŁADNIKI:
- Różne świeże owoce (np. papaja, mango, ananas, pomarańcza, guanabana)
- Woda lub mleko (dla wersji kremowych)
- Cukier (opcjonalnie)

INSTRUKCJE:
a) Wybierz żądaną kombinację świeżych owoców i pokrój je na kawałki.
b) Kawałki owoców włóż do blendera.
c) Dodaj wodę lub mleko, aby uzyskać preferowaną konsystencję (woda, aby uzyskać rzadszy sok, mleko, aby uzyskać bardziej kremowy sok).
d) Mieszaj, aż będzie gładka.
e) Spróbować i w razie potrzeby dodać cukru, aby uzyskać słodkość.
f) W razie potrzeby odcedź sok, aby usunąć miąższ.
g) Podawaj świeży sok owocowy z lodem i ciesz się naturalnym, żywym smakiem.

99. Poncz Pisco

SKŁADNIKI:

- 2 uncje Pisco (peruwiańska brandy winogronowa)
- 1 uncja soku ananasowego
- 1/2 uncji świeżego soku z limonki
- 1/2 uncji prostego syropu
- lód
- Kawałek świeżego ananasa lub wiśnia do dekoracji

INSTRUKCJE:

a) W shakerze wymieszaj Pisco, sok ananasowy, świeży sok z limonki i syrop cukrowy.
b) Do shakera dodaj lód i energicznie potrząsaj przez około 15 sekund.
c) Przecedź mieszaninę do schłodzonego, tradycyjnego szkła lub kieliszka koktajlowego.
d) Udekoruj plasterkiem świeżego ananasa lub wiśni.
e) Podaj Pisco Punch i delektuj się tropikalnymi smakami.

100.Coctel de Camu Camu (koktajl owocowy Camu Camu)

SKŁADNIKI:
- 2 szklanki świeżych owoców camu camu (lub soku camu camu, jeśli jest dostępny)
- 1/2 szklanki pisco (peruwiańskiej brandy winogronowej)
- 2 łyżki miodu
- 1 szklanka lodu
- Świeże jagody camu camu do dekoracji (opcjonalnie)

INSTRUKCJE:
a) W blenderze połącz świeże owoce camu camu, pisco, miód i lód.
b) Mieszaj, aż będzie gładka.
c) Spróbuj i dostosuj słodycz, jeśli chcesz, dodając więcej miodu.
d) Wlej Coctel de Camu Camu do szklanek.
e) Udekoruj świeżymi jagodami camu camu, jeśli są dostępne.
f) Podaj koktajl camu camu i ciesz się wyjątkowym, pikantnym smakiem tego amazońskiego owocu.

WNIOSEK

Gdy nasza peruwiańska odyseja z jedzeniem ulicznym dobiega końca, mamy nadzieję, że podobała Ci się ta pyszna przygoda ulicami Peru. Z każdym kęsem zagłębiasz się w serce kultury kulinarnej, która jest tak różnorodna, jak pełna smaku.

Zachęcamy do dalszego odkrywania świata peruwiańskiego street foodu, zarówno we własnej kuchni, jak i w miarę możliwości na tętniących życiem ulicach Peru. Spróbuj swoich sił w przepisach, podziel się nimi z przyjaciółmi i rodziną i delektuj się wspomnieniami z podróży.

Pamiętaj, że świat ulicznego jedzenia to nie tylko jedzenie; chodzi o łączenie się ze społecznościami, kultywowanie różnych tradycji i dzielenie się radością z pysznych posiłków. Mamy nadzieję, że ta książka zainspirowała Cię do poszukiwania autentycznych smaków peruwiańskiego jedzenia ulicznego i być może do wyruszenia w własną kulinarną odyseję. Dziękujemy, że dołączyłeś do nas w tej pełnej smaku przygodzie i oby Twoje przyszłe posiłki zawsze były wypełnione duchem peruwiańskiej kultury ulicznej. Smacznego!

www.ingramcontent.com/pod-product-compliance
Lightning Source LLC
LaVergne TN
LVHW021659060526
838200LV00050B/2418